ALEX
MMXVI

Fotos von Dan Jones

OMG! FRENCH GUY COOKING

ALEXIS GABRIEL AÏNOUZ

100 Wow!-Rezepte und geniale Küchen-Hacks

EMF

EIN BUCH DER EDITION MICHAEL FISCHER

Vorwort

Ich freue mich sehr, das Vorwort für meinen Freund Alex und sein wunderbares Buch verfassen zu dürfen. Wir haben uns vor ein paar Jahren kennengelernt, als ich gerade ein neues Talent für meinen Food Tube Channel suchte. Ich sah die Videos von „French Guy Cooking" und wusste sofort, dass wir es hier mit einem neuen Stern am Kochhimmel zu tun hatten. Alex ist mit seinem YouTube-Kanal mittlerweile wahnsinnig erfolgreich. Und jedes Mal, wenn wir gemeinsam kochen, lache ich mich halbtot!

Seine Gerichte machen wirklich Spaß. Sie sind einfach, aber köstlich, und Alex hat eine herrlich schräge Art, sie zu präsentieren. Er ist ein autodidaktisches Genie und weiß genau, was Hobbyköche brauchen. Sieht man ihm beim Kochen zu, muss man einfach lächeln. Und genau darum geht es bei den wundervollen Rezepten in diesem Buch.

Sie finden hier sowohl die Leckereien der französischen Küche, die Sie vielleicht erwarten, wie Croissants und die kultige Quiche Lorraine mit himmlischem Boden, aber auch Gaumenfreuden wie Ramen x 4 und Lamm Shish-Kebab Street-Style. Alex versteht es, den Fokus auf die Freude am Kochen zu legen. Seine Rezepte erfüllen für mich alle notwendigen Voraussetzungen: Sie sind einfach, spannend und machen richtig Lust auf's Essen!

Die ausgewählten Gerichte inspirieren Anfänger ebenso wie Profiköche. Charmantes Geplauder und hilfreiche Tipps begleiten den Leser von der ersten bis zur letzten Seite, und mit den zusätzlichen Schritt-für-Schritt-Abbildungen kann bestimmt nichts mehr schiefgehen!

Also, los geht's! Tauchen Sie ein in diese bunte Vielfalt an großartigen Gerichten und überlegen Sie schon mal, was Sie zum Abendessen kochen möchten! Ich bin mir sicher, dass Sie dieses wunderbare Buch immer wieder gern zur Hand nehmen werden.

Alex, was soll ich sagen? Du hast es geschafft.

Ein echtes Prachtstück!

Jamie Oliver

Salut! Vielen Dank, dass Sie mein Buch gekauft haben! Meine Rezepte sollen Sie inspirieren und Ihnen ein sicheres Gefühl beim Kochen geben. Damit sie gelingen, brauchen sie vor allem eines: einen begnadeten Koch, der sie zubereitet ... Und das sind SIE!

Alex

EIER

Freches Shakshuka

Schon beim Schreiben dieses Rezepts läuft mir das Wasser im Mund zusammen. Die Verbindung aus frischen Tomaten, umamireichem Tomatenmark, süßen Paprikaschoten und sämigen Zwiebeln, der Kick, den Harissa dem Gericht verleiht, und die Dekadenz, mit der die Eier am Ende über alles fließen, das finde ich einfach unwiderstehlich.

Für 4 Personen

etwas Olivenöl
2 Zwiebeln, gehackt
2 Merguez-Würste oder, falls Sie diese nicht bekommen können, 250 g Chorizo, klein geschnitten
2 rote und 2 grüne Paprikaschoten, entkernt und fein geschnitten
4 reife Tomaten, in Streifen geschnitten
1 EL Tomatenmark
1 TL Harissa (ich persönlich gebe gerne 1 EL dazu)
4 Knoblauchzehen, fein zerdrückt
Salz
frisch gemahlener Pfeffer
4 Eier (Größe M)

Etwas Olivenöl in einer beschichteten, tiefen Pfanne erhitzen. Zwiebeln und Merguez- oder Chorizostücke bei mittlerer Hitze darin anbraten, bis die Zwiebeln weich und hellgelb sind. Dann Paprika und Tomaten hinzufügen.

Tomatenmark und Harissa einrühren. 230 ml heißes Wasser zugießen und den zerdrückten Knoblauch hineingeben. Salzen und pfeffern.

Alles zugedeckt 10 Minuten köcheln lassen. Bei Bedarf noch bis zu 120 ml Wasser zugießen.

Wenn die Sauce eingedickt ist, drücken Sie mit der Rückseite eines Schöpflöffels 4 Mulden in die Masse und schlagen in jede Vertiefung 1 Ei. Zugedeckt ca. 2 Minuten garen, bis die Eier die gewünschte Konsistenz haben.

Harissa – kaufen oder selbst machen?

Gute Harissa schmeckt würzig-scharf, hat eine süßliche Note und ist harmonisch im Geschmack. Sie ist leuchtend rote und nicht bitter. Wenn die einzige Harissa-Mischung, die Sie in Ihrem Supermarkt finden, zu wünschen übrig lässt, machen Sie sie einfach selbst: Entfernen Sie die kleinen Stiele von einer Handvoll milder Chilischoten und verarbeiten Sie die Chilis mit 3 Knoblauchzehen, 1 TL Salz und einer Prise gemahlenem Koriander im Mixer zu einer Paste. In ein Einmachglas füllen, mit Olivenöl bedecken und im Kühlschrank aufbewahren.

Rührei – aber endlich richtig

Ich habe nichts gegen klassisches Rührei einzuwenden, bei dem Eier ziemlich grob in einer glühend heißen Pfanne verrührt und einige Male herumgewirbelt werden. Mit ein paar Scheiben verbranntem Speck sind sie gar nicht schlecht! Doch es gibt Tage, an denen man gerne in einem prunkvollen Luxusschlafzimmer aufwachen und ein riesiges, piekfeines Frühstück serviert bekommen möchte. Hier ist das Rezept dafür, kostspielig, aber eben nur für diese besonderen Tage.

Für 1 Person

3 Eier (Größe M)
1 EL sehr kalte Butter, klein gewürfelt
Salz
frisch gemahlener Pfeffer

Serviervorschlag
1 EL Räucherlachs, in kleine Stückchen gehackt
1 TL frisch gehackter Schnittlauch
1 Scheibe Toast, gebuttert
1 TL Lachsrogen

Einen Topf zu einem Drittel mit heißem Wasser füllen und das Wasser auf mittlere Hitze erwärmen.

Die Eier in eine hitzefeste Schüssel mit abgerundetem Boden schlagen. Die Schüssel sollte größer als der Topf sein. Schüssel auf den Topf setzen. Das kochende Wasser darf dabei den Boden der Schüssel nicht berühren.

Die Eier ständig rühren. Den Holzspatel dabei idealerweise in einer Achterform bewegen, bis die Masse eindickt. Jetzt die Butter hinzufügen, damit die Eiermasse nicht weitergart und cremig und glänzend wird. Mit Salz und Pfeffer würzen.

Wenn Sie möchten, können Sie zusammen mit der Butter 1 EL fein gehackten Räucherlachs und 1 EL fein gehackten Schnittlauch einrühren. Das Rührei vom Herd nehmen, auf gebutterten Toast löffeln und mit Lachsrogen garnieren – auch mit noch mehr Schnittlauch, wenn Sie möchten.

Omelette à la Pepin

Jacques Pepin ist ein bekannter französischer Koch, der in den USA lange Zeit als Ikone galt. Sehr talentiert, mit frechen Kommentaren und einem starken Akzent "Was sehen Sie mich an?", ist er besonders für seine unvergleichlichen Omelettes berühmt. Hier ist meine Version seines Rezepts.

Für 1 Person

3 Eier (Größe M)
1 Prise Salz
1 Schuss geschmacksneutrales Öl
1 TL Butter

Erforderliche Küchenausstattung
beschichtete Pfanne, Durchmesser 22–24 cm
Kochlöffel aus Holz

Zuerst die Eier verquirlen, aber nur sanft, da sie nicht schäumen dürfen. 1 Prise Salz hinzufügen.

Öl und Butter bei mittlerer Hitze in eine Pfanne geben. Wenn Sie das Omelette auf kleiner Stufe zubereiten, wird es rundum fest und gleichmäßig gegart. Wichtig ist, nur so viel Fett in die Pfanne zu geben, dass das Omelette gebraten wird, ohne zu bräunen. Die Öl-Buttermischung sollte „singen", wenn sie die Pfanne berührt, aber nicht „schreien".

Eier in die Pfanne gießen. Halten Sie den Griff mit der linken Hand, bewegen Sie die Pfanne vor und zurück

und verrühren Sie die Eier mit der rechten Hand in einer kreisförmigen Bewegung (ich bin Rechtshänder). Durch das Bewegen der fest werdenen Anteile, die zunehmend zu sehen sind, kann sich die Hitze im ganzen Omelette verteilen und bleibt nicht ausschließlich am Boden. Ziehen Sie die Ränder vorsichtig Richtung Mitte.

Wenn das Omelette knapp gestockt ist, und man fast kein flüssiges Ei mehr sehen kann, neigen Sie die Pfanne und rollen das Omelette mit dem Kochlöffel vorsichtig ein. Klopfen Sie mit Ihrer Handfläche sanft, aber mit Nachdruck auf den Griff, damit sich das Omelette löst und zum hinteren Pfannenrand wandert. Jetzt können Sie das Omelette nach Belieben füllen (mit Käse, Schinken...) oder es einfach fertig einrollen.

Legen Sie nun Ihre linke Hand von unten um den Pfannengriff (die Handfläche zeigt jetzt nach oben) und kippen Sie das Omelette auf einen Teller, indem Sie den Teller anheben und ihn mit Ihrer rechten Hand in Richtung Omelette neigen. Das Omelette sollte prall und halbmondförmig sein.

Zum Einprägen für den Körper

Ein Jahr lang habe ich jeden Samstagmittag ein Omelette gemacht. Manchmal mit Füllung, manchmal ohne, mal geschmeidiger, mal körniger, mal weniger goldgelb, mal mehr, kürzer oder länger gegart, aber immer darauf bedacht, meine Technik zu verbessern. Denn ich wollte, dass mein Körper und nicht mein Kopf sich an die Bewegungen erinnert, die zum Erfolg führen. Und auch, weil ich offensichtlich verrückt bin.

Omelettes X4

Ein Omelette ist wie eine weiße Leinwand, die man auf tausend verschiedene Arten gestalten kann. Doch im Ernst: Man kann mit einem Omelette Lebensmitteln, die schon ein bisschen zu lange den Kühlschrank belagern, neues Leben einhauchen ...

Käseomelette

Bevor Sie beginnen, das Omelette einzurollen, füllen Sie es mit geriebenem Käse. Am besten verwenden Sie verschiedene Käsesorten. Eine milde Sorte, die leicht schmilzt wie Emmentaler oder Mozzarella und eine würzige wie Parmesan, Cheddar oder Comté.

Einfache Tortilla

Ein paar EL Olivenöl in einer Pfanne erhitzen und eine zerdrückte Knoblauchzehe und eine fein gehackte Zwiebel hinzufügen. Die Zwiebel glasig anschwitzen und dann einige gekochte und gehackte Kartoffeln vom Vortag dazugeben. Anschließend mit Salz und Pfeffer würzen und alles einige Minuten anbraten.

Für eine Pfanne mit 24 cm Durchmesser brauchen Sie ca. 5 Eier. Die Eier kräftig verquirlen und in die Pfanne gießen. 5–10 Minuten garen, bis die Eier fest und an der Unterseite leicht gebräunt sind. Dann die Tortilla auf einen großen Teller stürzen. Pfanne mit Küchenkrepp abwischen und 1 EL Olivenöl darin erhitzen. Die Tortilla vom Teller mit der ungebackenen Seite nach unten zurück in die Pfanne gleiten lassen und weitergaren, bis sie auf beiden Seiten gleichmäßig gebräunt ist.

Omelette aux Fines Herbes

Die *fines herbes* sind in diesem Fall vier an der Zahl – Petersilie, Schnittlauch, Kerbel und Estragon. Das ist tatsächlich die ideale Kombination, aber verweden Sie einfach, was Sie haben. Die Kräuter so fein wie möglich hacken, ohne sie zu zerquetschen (mit einem sehr scharfen Messer geht das um einiges leichter) und vor dem Verquirlen zu den Eiern geben. So können sich die Kräuter gleichmäßig verteilen. Eier in die Pfanne gießen und garen, bis sie gerade eben fest sind. Anschließend das Omelette in der Mitte zusammenklappen und auf einen Servierteller gleiten lassen.

Einfaches Omurice (japanisches gefülltes Omelette)

Etwas Öl in einem Wok oder einer Pfanne erhitzen und Reisreste mit einer grob gehackten Zwiebel darin anbraten, bis der Reis leicht goldbraun ist. Geben Sie dazu, was Sie an Meeresfrüchten zu Hause haben, z. B. Krabben, Garnelen oder abgetropften Thunfisch aus der Dose und rühren Sie die Zutaten 1–2 Minuten lang in den Reis ein. Die Pfanne vom Herd nehmen und etwas gehackten Schnittlauch sowie 1–2 TL helle Sojasauce hinzufügen.

3 Eier verquirlen. Etwas Öl in einer Pfanne (Durchmesser 26–28 cm) erhitzen und die Eier hineingießen. Die Eier garen, bis sie zu einem dünnen Omelette gestockt sind, und dann die Reismischung in die Mitte löffeln. Ränder in die Mitte klappen und das Omelette so gut wie möglich in die Form einer Mandel bringen – ein Oval mit leicht spitzen Enden.

Knusprig gebratene Eier auf Thai-Art

Dieses Rezept macht aus gebratenen Eiern ein ganz neues Erlebnis, verliert dabei aber gleichzeitig nicht den einfachen Charakter des Gerichts aus den Augen.

Für 1 Person

3 EL Öl, z. B. Rapsöl
2 große Eier (Größe L)
2 EL süße Chilisauce
1 TL helle Sojasauce
1 Spritzer Limettensaft
1 TL geröstete Sesam
3 EL Blätter von Koriander, Minze oder Basilikum
½ rote oder grüne Chilischote, in sehr feine Ringe geschnitten

Das Öl in einer Pfanne stark erhitzen, bis es zu rauchen beginnt (siehe Kochtipp unten).

Eier in die Pfanne schlagen und 2–3 Minuten anbraten, bis das Eiweiß an den Rändern knusprig und goldbraun, aber das Eigelb noch flüssig ist. Die Hitze reduzieren.

Chili- und Sojasauce auf den Eiern verteilen und mit dem Öl aus der Pfanne beträufeln, um die Aromen gut zu verbinden.

Die Eier aus der Pfanne nehmen, dann mit Limettensaft beträufeln und mit Sesam, Kräutern und Chiliringen bestreut servieren.

KOCHTIPP

Am besten gelingen die gebratenen Eier in einer kleinen Pfanne mit schwerem Boden. Dieselbe Menge Öl steht zudem in einer kleinen Pfanne höher. Dadurch werden die Eier schneller gebraten, und das Eiweiß wird herrlich knusprig. Außerdem sehen die Eier auch toll aus, da sie schön rund sind, wenn sie aus der Pfanne kommen.

Bildschöne Oeufs en Meurette (Pochierte Eier in Rotweinsauce)

Ein traditionelles Gericht mit einer Sauce aus dem Burgund. Das mit Sicherheit DIE traditionellste Küche Frankreichs hat, das zufälligerweise DAS traditionellste Land ist, wenn es ums Kochen geht. Und ICH, was mache ich? Ich pfusche im Rezept herum. Bin ich vollkommen übergeschnappt? Vielleicht ... ach, was soll's! Es schmeckt so einfach herrlich!

Für 4 Personen

2 Gläser kräftiger Rotwein
350 ml Rinderbrühe
1 EL Rohrzucker
1 EL Öl
6 kleine Schalotten oder die weißen Teile von Frühlingszwiebeln, halbiert
180 g Speckstreifen
180 g Champignons, geviertelt
2 EL Butter, gut verknetet mit 1 EL Mehl
Salz
frisch gemahlener Pfeffer
1 Schuss Essig
4 sehr frische Eier (Größe M)
5 Scheiben Brot
1 große Knoblauchzehe, geschält und halbiert
ein paar Schnittlauchhalme

WARUM BILDSCHÖN?

Im ursprünglichen Rezept vermischt man die Sauce mit den Toppings und pochiert die Eier im Wein. Hört sich gut an. Aber hätte ich mich für das Foto daran gehalten, würden Sie jetzt angewidert umblättern und das Rezept garantiert niemals ausprobieren. #Babyspucke

Wein und Brühe in einen Topf gießen und auf mittlerer Stufe erhitzen. Zucker hinzufügen und schwach köcheln lassen, bis die Flüssigkeit auf die Hälfte eingekocht ist. Wenn Sie ein bisschen Spaß haben möchten (und wissen, wie man das ohne Probleme hinbekommt), flambieren Sie den Wein.

In der Zwischenzeit das Öl in einer Pfanne erhitzen und Schalotten oder Frühlingszwiebeln, Speckstreifen und Champignons ca. 10 Minuten darin anbraten.

Wenn Wein und Brühe eingekocht sind, mit einem Schneebesen die Mehlbutter einrühren, bis die Sauce glatt und glänzend ist. Sauce mit Salz und Pfeffer würzen. Probieren und eventuell nachwürzen.

In einem Topf Wasser mit einem Schuss Essig langsam zum Kochen bringen. 1 Ei in ein Auflaufförmchen schlagen und vorsichtig ins Wasser gleiten lassen. Den Vorgang mit den restlichen 3 Eiern wiederholen und 3 Minuten kochen lassen. Dabei die Eier vorsichtig wenden. Eier mit einem Schaumlöffel aus der Pfanne heben und auf Küchenkrepp legen.

Die Brotscheiben toasten. 1 Scheibe mit der Schnittseite der Knoblauchzehe einreiben und in kleine Croûtons schneiden. Jeweils 1 Ei auf die übrigen Brotscheiben setzen und mit einem Löffel Zwiebeln, Speckstreifen und Champignons sowie die Sauce und die Croûtons darüber verteilen. Schnittlauchhalme mit der Schere in kurze Stücke schneiden und über die einzelnen Portionen streuen. Fertig!

Eier en Cocotte x4

Ich habe die Erfahrung gemacht, dass ein im Ofen zubereitetes Gericht Gäste weit mehr beeindruckt, als ein auf dem Herd gekochtes. Es hat den größeren „Chefkoch-Charakter" ... Seltsam, oder? Wenn Sie zum Beispiel 1 Ei en Cocotte in der Pfanne machen, werden alle Sie loben, aber niemand wird sagen „wow!". Aber wenn Sie es im Ofen machen ...

Mit Käse

Kleine ofenfeste Formen mit Butter einfetten und auf dem Boden jeweils etwas geriebenen Käse verteilen. In der Mitte ein Loch machen, sodass ein Nest entsteht.

In jedes Nest 1 Ei schlagen und dabei versuchen, das Eigelb so gut wie möglich in der Mitte zu platzieren, damit es schön rund und flüssig bleibt.

Jeweils 2 TL Sahne hinzufügen, einen rechts und einen links neben dem Eigelb, und etwas geriebenen Käse darüberstreuen.

Den Ofen auf 200 °C Ober- und Unterhitze (180 °C Umluft) vorheizen. Und die Eier 10 Minuten backen – das war's.

Mit Pilzen

1 Schalotte fein und einige Pilze grob hacken. In einer Pfanne etwas Butter erhitzen und Schalotte und Pilze bei mittlerer Hitze 7 Minuten darin anbraten. Mit Salz und Pfeffer würzen.

Jeweils 2 EL von der Schalotten-Pilzmischung auf die ofenfesten Formen verteilen, 1 Ei hineinschlagen und 1 TL Sahne hinzufügen. Etwas geriebenen Comté oder Cheddar Käse darüberstreuen und wie oben beschrieben im vorgeheizten Ofen backen.

Mit Kimchi (eingelegter Chinakohl)

Etwas Speck ohne Fett in einer Pfanne braten und kurz bevor er fertig ist, etwas Kimchi hinzufügen. Die Pfanne vom Herd nehmen und Speck und Kimchi grob hacken. Verwenden Sie diese Mischung als Basis für Ihre Eier en Cocotte im neuen Look. Verteilen Sie sie auf die einzelnen ofenfesten Formen und machen Sie in der Mitte ein Loch. Ein Ei in jede Form schlagen und sowohl geriebenen Käse als auch etwas gehackten Schnittlauch oder zerkleinerte Frühlingszwiebeln darüberstreuen. Wie oben beschrieben backen.

Eine Art Carbonara

Wenn Sie Speckreste haben, hacken Sie sie grob zusammen mit etwas gekochter Pasta. Mit schwarzem Pfeffer aus der Mühle, etwas Sahne und geriebenem Parmesan vermischen. In ofenfeste Formen füllen und in die Mitte ein Loch machen. Die Eier hineinschlagen, leicht mit geriebenem Parmesan bestreuen und wie oben beschrieben backen.

#HACK

Weinauswahl für Dummies (d.h. für Normalsterbliche)

Nur um das Klarzustellen – ich habe noch nie „zarte Räuchernoten, unterlegt mit kandierten Früchten, einem Hauch von Unterholz und Tönen von frischem Moos" in einem Wein gerochen. Wirklich niemals. Ich habe ihn immer einfach nur genossen. Spitzen-Önologen sagen sowieso, das sei die beste Art, guten Wein zu würdigen.

Die richtige Weinauswahl zum Essen kann manchmal ganz schön Kopfzerbrechen bereiten. Wenn Sie einfach davon ausgehen, was Sie gern essen, empfiehlt es sich, die Farbe des Weins passend zur Farbe der Speisen auszuwählen. Das funktioniert überraschend gut.

Wenn Sie nicht tiefer in die Materie eintauchen möchten, erkläre ich Ihnen, wie ich bei der Weinauswahl vorgehe. In meinem Kopf sind alle Speisen nach Geschmacksintensität geordnet: von sehr dezentem Aroma bis hin zum intensivsten. Etwa in dieser Reihenfolge: Rohkost, Meeresfrüchte, Vorspeisen, Gemüsegerichte, Fisch, helles Fleisch, rotes Fleisch, würzige Gerichte, Süßes/Desserts.

Auch beim Wein kann man eine Einteilung vom leichtesten bis zum schwersten vornehmen: Trockene Weißweine (Muscadet, Sauvignon Blanc) oder Rosé, körperreiche Weißweine (Chardonnay) oder Rosé, leichte Rotweine (Gamay, Pinot Noir), mittelgewichtige Rotweine (Merlot, Sangiovese), körperreiche Rotweine (Zinfandel, Shiraz/Syrah), Süßweine (Sauternes) und sehr aromatische Weine (Gewürztraminer).

Wenn man diese beiden Klassifizierungen einander gegenüberstellt, sehen Sie schnell, welcher Wein zu welchem Gericht passt. Zum Beispiel:

Meeresfrüchte – trockene Weißweine (ein gutes Bier passt noch besser dazu, aber das ist nur meine ganz persönliche Meinung)

Salat – trockene Weißweine

Rohes Gemüse – leichte bis körperreiche Weißweine oder leichte Rotweine

Hähnchen – körperreiche Weißweine oder leichte Rotweine

Gegrilltes Gemüse – mittelgewichtige Rotweine

Rind, Lamm – körperreiche Rotweine

Indisches Curry – sehr aromatische Weißweine

Schwarzwälder Kirschtorte – Süßweine

Wie jede Faustregel ist auch diese hier nicht immer gültig. Manchmal passt Rotwein gut zu einem Dessert, und es wäre doch schade, darauf zu verzichten. (Ich trinke gerne Rotwein zu Schokolade, würde das aber niemals laut sagen.)

Wie steht es mit Käse?

Viele Leute (einschließlich der Franzosen) stellen sich gerne ein gutes Glas Rotwein zu einem zartschmelzendem Camembert vor. Doch da liegen sie definitiv falsch.

Trockener Weißwein passt viel besser dazu, seine Frische stellt einen schönen Kontrast zum fettigen, salzigen Käse dar.

Suppen

MEIN DING

ICH RÜHRE SEHR GERNE KALTES PESTO IN EINE HEISSE SUPPE, DA ICH FINDE, DASS DER KONTRAST DAS FANTASTISCHE AROMA VON BASILIKUM (ODER DEN KRÄUTERN, DIE SIE VERWENDET HABEN) PERFEKT ZUR GELTUNG BRINGT.

Soupe au Pistou – einmal anders

Diese vegetarische Suppe ist eine Minestrone, wie sie in der Provence gemacht wird. Da wir gerade beim Experimentieren sind, werden Sie feststellen, dass man das Pistou statt mit gewöhnlichem Basilikum genauso gut mit Thai-Basilikum, Estragon, Koriander oder auch Minze machen kann (nehmen Sie in diesem Fall ein Drittel Minze und zwei Drittel Petersilie). Auch bei der Wahl der Käsesorte können Sie kreativ sein. Probieren Sie statt geriebenem Parmesan Comté oder reifen Cheddar.

Für 4 Personen

2 Knoblauchzehen
1 Prise Meersalzflocken
1 Bund Basilikum
3 EL natives Olivenöl
50 g geriebener Parmesan
1 Möhre
1 Zucchini
2 rote Tomaten (Sie möchten gelbe verwenden? Hört sich toll an!)
2 Zweige Thymian
2 Lorbeerblätter
ca. 2 l Gemüsebrühe (wahlweise Wasser)
100 g grüne TK-Bohnen
100 g TK-Erbsen
400 g Cannellini-Bohnen aus der Dose, abgegossen und gespült

Für das Pistou (es ist eigentlich nur Pesto ohne Nüsse) 1 Knoblauchzehe schälen, in einen Mörser oder kleinen Mixer geben und Salz hinzufügen. Knoblauch zerdrücken oder zerkleinern und dann in kleinen Portionen immer ein paar Basilikumblätter dazugeben und zerreiben, bis eine Paste entsteht. Olivenöl nach und nach einarbeiten, bis alles gleichmäßig vermengt ist wie bei der Zubereitung einer Mayonnaise. Zuletzt den geriebenen Käse zugeben.

Restliche Knoblauchzehe in Scheiben schneiden. Möhre, Zucchini und Tomaten in gleich große Würfel (kleiner als 1 cm) schneiden.

Möhre, Knoblauchscheiben, Thymian und Lorbeerblätter in einen großen Topf geben und Gemüsebrühe oder Wasser dazugießen. Bei mittlerer Hitze schwach köcheln lassen, bis die Brühe oder das Wasser um ein Drittel eingekocht ist.

Nach 10 Minuten Zucchini, grüne Bohnen und Erbsen zufügen. Nach 20 Minuten die Tomaten und nach 30 Minuten die Cannellini-Bohnen zugeben. Köcheln lassen, bis die Bohnen gut erwärmt sind. Probieren und eventuell nachwürzen.

Kleiner Tipp: Nicht umrühren, sonst wird das Gemüse breiig und die Suppe trüb. Auch nicht zu früh würzen – nicht bevor die Flüssigkeit eingekocht ist –, da die Suppe sonst möglicherweise zu salzig wird.

Einen großen Schöpfer Suppe in Portionsschüsseln füllen und mit einem Löffel eine großzügige Portion Pistou in die Mitte setzen. Lassen Sie Ihre Gäste beides vermischen, da sie dann das Gefühl haben, etwas zum Gelingen der Suppe beigetragen zu haben.

Und zum Schluss

Wenn Sie kleine Pasta-Sorten in die Suppe mischen (Risoni, Hörnchen etc), wird daraus eine vollwertige Mahlzeit.

Pot au Pho-Bo

Dieses Rezept ist ein Speed-Date zwischen einem wohltuenden französischen Pot-au-Feu und einer exotisch duftenden, vietnamesischen Pho-Bo Suppe. Ich denke, es ist eine schwache Kopie eines klassischen Pot-au-Feu, da wäre es wohl vermessen, es als authentische vietnamesische Küche zu bezeichnen. Doch unterm Strich funktioniert es ganz gut. Also los!

Für 4 Personen

Für die Bouillon

2 große gelbe oder weiße Zwiebeln, ungeschält
5 cm frischer Ingwer, ungeschält und in grobe Scheiben geschnitten
1 EL Öl
100 g Rinderhackfleisch
Salz
frisch gemahlener Pfeffer
2 Rindermarkknochen (alternativ tut es auch eine Hühnerkarkasse)
1 Rinderbrühwürfel, zerkrümelt
1 Stange Lauch, geputzt und in 5 cm lange Stücke geschnitten
2 EL Fischsauce
3–4 Thymianzweige und 2 Lorbeerblätter, zusammengebunden
3 große Prisen Fünf-Gewürze-Pulver (selbstgemachtes Pulver für Experimentierfreudige: 4 Knoblauchzehen mit 2 Sternanis, 2 Zimtstangen und 2 TL Koriandersamen anrösten und anschließend vermahlen)

Für die Einlage

2 Möhren
1 Stange Sellerie
4 Reisnudelnester (Vermicelli-Nudeln)
400 g Rindercarpaccio, alternativ: ein Steak, in hauchdünne Scheiben geschnitten (hier ist der Tiefkühler ihr Freund, das Steak lässt sich leichter fein aufschneiden, wenn es sehr kalt ist)
Basilikum (Thai oder gewöhnliches)
frischer Koriander

Für die Bouillon Zwiebeln halbieren und mit dem Ingwer mit der Schnittseite nach unten rösten, bis sie leicht angekohlt sind – sie geben der Bouillon Farbe. Mit einem Gasherd können Sie das über einer Flamme am Herd machen. Doch Vorsicht: Flammen + Finger = Probleme, die wir nicht brauchen können.

Öl in einem großen, tiefen Topf erhitzen. Rinderhackfleisch mit Salz und Pfeffer würzen und 2 Minuten scharf anbraten. Markknochen (oder Hühnerkarkasse), Brühwürfel, Zwiebelhälften, Ingwer, Lauch, Fischsauce, Thymian und Lorbeerblätter hinzufügen.

3 l Wasser zugießen und aufkochen. Dann die Hitze reduzieren und alles 30 Minuten schwach köcheln lassen. Mit Fünf-Gewürze-Pulver schön abschmecken.

Für die Einlage Möhren und Sellerie mit einem Gemüseschäler in feine Streifen hobeln und dann in dünne Stifte schneiden (ca. 10 cm lang).

Ein Vermicelli-Nest in jede Schüssel legen und die Bouillon durch ein Sieb in die Schüsseln gießen. Haben Sie Rinderknochen verwendet, schaben Sie das Mark mit einem Löffel aus den Knochen in die Schüsseln. Den Lauch zugeben.

Mit rohen Rindfleischscheiben und Möhren- und Selleriestreifen garnieren. Basilikum und Koriander darüberstreuen – und die Suppe genussvoll schlürfen.

Suppen-Fusion

Frankreich trifft Vietnam: Pot-au-Feu ist eine geschmacksintensive, klare Bouillon, in der allerlei Gemüse und zarte Rindfleischstückchen schweben. Bei der vietnamesischen Pho-Suppe liegt der Fokus dafür auf der Balance zwischen der klaren und würzigen (Zimt, Sternanis …) Bouillon und dem zarten Rindfleisch.

Eine Art Ayam

Meine erste indonesische Soto Ayam-Gemüsesuppe probierte ich in London auf der Straße, in strömendem Regen an einem eiskalten Tag. Glauben Sie mir, der Geschmack ließ die Sonne aufgehen.

Für 4 Personen

4 Hähnchenkeulen ohne Haut
Salz
frisch gemahlener Pfeffer
1 Stange Zitronengras, weich geklopft und verknotet
1 Prise gemahlene Kurkuma
600 ml Kokosmilch
600 ml Hühnerbrühe
2 Knoblauchzehen, fein zerdrückt
2,5 cm frischer Ingwer, geschält und gerieben
4 Nester aus getrockneten Reis-Vermicelli

Toppings
1 Limette, geviertelt
1 hartgekochtes Ei, geschält und geviertelt
Krabbenchips
gebratene Schalotten (in Vierteln in Öl scharf angebraten)
getrocknete Chiliflocken
frische Kräuter, gehackt – nehmen Sie, was Sie haben, z. B. Koriander, Sellerieblätter, Petersilie, Minze … ganz egal, was

Die Hähnchenkeulen an 3–4 Stellen tief einschneiden und großzügig mit Salz und Pfeffer würzen.

Die Keulen in einen großen Topf legen und Zitronengras, Kurkuma, Kokosmilch, Hühnerbrühe, Knoblauch und Ingwer hinzufügen. Bei niedriger Hitze für eine Dauer von ungefähr 30 Minuten köcheln lassen und dann das Zitronengras entfernen.

Die Hähnchenkeulen herausnehmen und das Fleisch von den Knochen lösen. In jede Portionsschüssel ein Vermicelli-Nest legen und die kochend heiße Brühe darübergießen. Das Hühnerfleisch hinzufügen, mit den Toppings garnieren und servieren.

#HACK

Was Sie über Ramen wissen müssen. Ein Crashkurs

Ich liebe asiatische Instant-Nudelsuppen. Schlimm, ich weiß. Vor allem, wenn das jemand sagt, der anderen zu vermitteln versucht, was gesund ist und was nicht, und der (leider nicht immer erfolgreich) ein Vorbild sein will. Aber ich kann einfach nicht anders. Ich bin verrückt nach diesem Würze-Kick, der mir sofort in die Nase steigt, sobald ich eine Nudelpackung öffne.

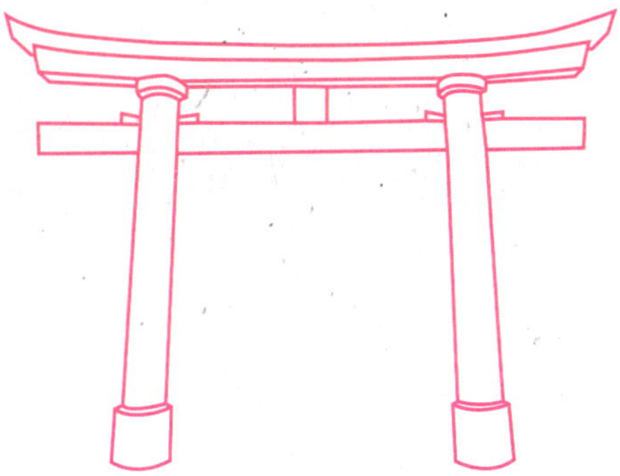

Für die ultimative Erfahrung muss man die fünf aufeinanderfolgenden japanischen Tore, genannt torii, durchschreiten. Torii, 鳥居, bedeutet wörtlich „Vogelsitz" und wird auf Japanisch *to.ri.i* ausgesprochen. Diese traditionellen Tore befinden sich zumeist am Eingang zu einem Shinto-Schrein oder innerhalb eines Schreins, wo sie die Schwelle zwischen dem Heiligen und dem Profanen symbolisieren.

Das Tor der Brühe – die Basis

Die Brühe enthält viel Umami und kann dabei reichhaltig oder leicht sein, trüb oder klar, kann auf Schweinefleisch, Huhn oder Fisch basieren oder einer Kombination daraus. Sie wird oft mit Dashi zubereitet, einer Fischbrühe aus Bonito-Flocken und getrocknetem Seetang.

Das Tor der Nudeln – das Gerüst

Ramen ohne Nudeln ist kein Ramen. Die Nudeln sind alkalisch, genauer gesagt meist aus Mehl mit geringem Feuchtigkeitsgehalt hergestellt.

Das Tor der Toppings – die Konsistenz

Chasu – gegrilltes Schweinefleisch, mariniertes weichgekochtes Ei (*ajitsuke tamago*), Frühlingszwiebeln, Nori-Algen, *menma* (eingelegte Bambussprossen) und sogar Mais. Sie verleihen der Suppe eine schöne Farbe und sorgen für verschiedene Konsistenzen.

Das Tor der Tare – die Würze

Oft werden folgende Zutaten als Geschmacksbasis verwendet: *shio* (Salz), *shoyu* (Soyasauce) oder *miso* (Paste aus fermentierten Sojabohnen).

Das Tor der Gewürzöle – das Fett

Die Nudeln nehmen das Öl auf, während man sie genüsslich schlürft. Beliebte Gewürzöle sind schwarzes Knoblauchöl, Sesamöl, Zwiebelöl... Auch Butter funktioniert gut (ich bin Franzose, was haben Sie erwartet...?).

Sobald Sie die Theorie beherrschen, geht es ans Üben. Das klappt am besten, indem Sie einige Portionen wirklich gute Ramen essen. Sie sollten zumindest folgende probieren:

Tokyo Ramen – Schweine- und Hühnerbrühe + Dashi + gewellte Nudeln. Klassisch.

Sapporo Miso Ramen – dicke Nudeln + *akamiso* + Kohl, Mais und Schweinehackfleisch. Butter ist hier das Tüpfelchen auf dem i.

Hakata Tonkotsu Ramen – cremige und fette Brühe, gekocht aus Schweineknochen, Sesam- und schwarzem Knoblauchöl. Intensiv im Geschmack.

4 x Ramen, blitzschnell aufgepeppt

Ich muss gestehen, ich bin süchtig nach asiatischen Instant-Nudeln. Ich versuche, sie aufzugeben, doch während ich auf Heilung warte, kann ich mir genauso gut noch eine Dröhnung gönnen. Diese vier blitzschnell vorbereiteten Zutatenkombinationen verleihen der Brühe, in der Sie die Nudeln kochen, Farbe und Geschmack. Die meisten Zutaten werden kurz vor dem Servieren hinzugefügt.

Zutaten für Instant-Ramen mit Rindfleisch

Thai-Basilikum und/oder Koriander
Sojasprossen
dünne Scheiben von rohem Rindfleisch (Steakqualität)
1 Stück Sternanis und 1 kleine Zimtstange (wird zur Brühe für die Nudeln hinzugefügt)

Zutaten für Instant-Ramen mit Schwein

Mais
gehackte Frühlingszwiebeln
1 Schuss Milch und/oder 1 Stückchen Butter
gebratene Speckstückchen (hinzufügen, wenn die Nudeln fast gar sind)

Zutaten für Instant-Ramen mit Zwiebeln
gehackte junge Spinatblätter
frisch geriebener Ingwer
1 weich gekochtes Ei
einige Tropfen Sesamöl

Zutaten für vegetarische Instant-Ramen
gehackte kleine Pilze
zerkleinerter Chinakohl (hinzufügen, wenn die Nudeln fast gar sind)
Möhren, in Stifte geschnitten (gemeinsam mit dem Chinakohl hinzufügen)
gebratener Tofu

Baguette-Klößchen Suppe

Für 4 Personen

altbackenes Brot, vorzugsweise Baguette
2 EL geschmacksneutrales Öl, z. B. Rapsöl, Erdnussöl
1 Zwiebel, fein gehackt
Knochen- und Hautreste eines Brathähnchens
4 Eier (Größe L)
1 TL Backpulver
1 l aromatische Hühnerbrühe
Salz
frisch gemahlener Pfeffer
230 g gekochtes Hühnerfleisch
2 Möhren
2 Stangen Sellerie
Dillspitzen oder Thymianblätter, frisch gehackt

Das Brot in einem Mixer zu feinen Krümeln zerkleinern – Sie benötigen 130 g. Beiseitestellen.

Das Öl in einer Pfanne erhitzen. Gehackte Zwiebeln, Knochen und Haut des Hähnchens darin 10–15 Minuten langsam anbraten und von Zeit zu Zeit umrühren. Den Inhalt der Pfanne durch ein feines Sieb gießen und so das Öl von den anderen Zutaten trennen. Das Öl aufbewahren.

Eier, Brotkrümel, Backpulver, das abgegossene und mit Zwiebeln und Hähnchen aromatisierte Öl und 4 EL Hühnerbrühe in eine große Schüssel geben. Mit Salz und Pfeffer würzen und alle Zutaten gut vermischen. Anschließend 15 Minuten im Kühlschrank ziehen lassen.

Die Brotmischung mit feuchten Händen zu kleinen, walnussgroßen Klößen formen. In einer Lage auf einen Teller oder ein Brett legen und die Brotklößchen 1 Stunde kalt stellen, damit sie fest werden.

In einem Topf Salzwasser zum Köcheln bringen, die Brotklößchen hineinlegen und bei mittlerer bis schwacher Hitze zugedeckt ca 30 Minuten ziehen lassen.

Hühnerfleisch, Möhren und Sellerie in kleine Stücke schneiden. Das Gemüse in der Mikrowelle auf höchster Stufe 2 Minuten erhitzen, bis es gar ist.

Die restliche Brühe noch einmal erwärmen und in 4 Suppenschüsseln füllen. Die Brotklößchen auf die dampfenden Schüsseln verteilen und Hühnerstückchen, Möhren und Sellerie hinzufügen. Die Kräuter darüberstreuen und servieren.

Bei mir zu Hause gibt es immer ein Stück Baguette vom Vortag. Ich kaufe meistens Baguette, weil es gut schmeckt, preiswert ist und man es in Paris an jeder Ecke bekommt. Doch ich weiß, wie teuer Baguette außerhalb von Frankreich ist, und wenn Sie es dort kaufen, wo Sie wohnen, lassen Sie es bestimmt nicht alt werden. Deshalb verwenden Sie einfach das Brot, das Sie gerade zu Hause haben.

Unkomplizierte Zwiebelsuppe

An französischer „Soupe a l'oignon" kommt man einfach nicht vorbei. Ich weiß, sie sieht toll aus, wenn sie in diesen hübschen runden Schalen serviert wird, aber erstens braucht sie einiges an Vorbereitung, und zweitens macht sie viel Abwasch. Also kein sehr praktisches Gericht, wie Sie mir sicher zustimmen werden.

Für 6 Personen

1 EL Butter
1 EL geschmacksneutrales Öl, z. B. Rapsöl
6 große Zwiebeln, in feine Scheiben geschnitten
Salz
1 EL Rohrzucker
200 ml trockener Weißwein
3 EL Cognac (Sie möchten Rum oder Wodka verwenden? Kein Problem, doch nehmen Sie einen mit brauner Farbe)
1 EL Mehl
2 l gute Rinder- oder Gemüsebrühe
½ Knoblauchzehe
ein paar Scheiben altbackenes Brot
100–150 g geriebener Hartkäse (Comté, würziger Cheddar)

Butter und Öl in einem großen Topf mit schwerem Boden erhitzen und Zwiebeln bei mittlerer bis schwacher Hitze darin anbraten. Salzen und den Zucker zugeben. Unter gelegentlichem Rühren 30 Minuten garen, bis die Zwiebeln goldbraun sind.

Wein und Cognac dazugießen und flambieren (geben Sie acht, dass Sie sich dabei nicht verbrennen). Sobald die Flammen erloschen sind, lösen Sie mit einem Kochlöffel die am Pfannenboden haftenden Röstrückstände. Rühren Sie das Mehl ein – das gibt der Suppe eine üppige, sirupartige Konsistenz.

Gut verrühren, dann die Brühe hinzufügen. Die Hitze auf die kleinstmögliche Stufe reduzieren. Die Suppe 30 Minuten schwach köcheln lassen.

Eine große Auflaufform mit Knoblauch einreiben und die Suppe hineingießen. Die Flüssigkeit mit Brotscheiben belegen und mit einer großzügigen Schicht aus geriebenem Käse bedecken.

In den Ofen schieben, den Grill einschalten und überbacken, bis der Käse Blasen wirft und schön goldbraun ist. Dann mit siegreicher Miene auf den Tisch stellen. Die Form ist so heiß, dass Ihr Tischtuch Brandflecken davontragen könnte, was zugegebenermaßen der Situation noch zusätzliche Dramatik verleihen würde. Doch wenn Sie an Ihrem Tischtuch hängen, stellen Sie die Form einfach auf einen Topfuntersetzer.

ANMERKUNG!

Das hier ist eine unkomplizierte, traditionelle Variante der Zwiebelsuppe. Doch wenn Sie einen komplexeren Geschmack bevorzugen, geben Sie 1 Prise Gewürzmischung für Suppen und ein Bouquet garni (Kräutersträußchen) zur Suppe, bevor Sie sie köcheln lassen.

Salate

#HACK

6 frische Kräuter

Diese duftenden Kräuter kaufe ich immer frisch, da sie so empfindlich sind, dass sie in getrocknetem Zustand fast ihre gesamte Ausdruckskraft verlieren. Ein kleiner Tipp: Kochen Sie frische Kräuter nie lange mit, denn dadurch verlieren Sie an Geschmack und Aroma.

Petersilie Ein recht kräftiges Gewürz, das Frische und Substanz verleiht. Ich verwende immer glatte Petersilie, da sie aromatischer ist.

Dazu passt: Miesmuscheln, Hähnchen, Bulgur, Weizen, Leber, Butter, Zitrone, Knoblauch

Koriander Zart und intensiv - hier scheiden sich die Geister!

Ich liebe sein zitroniges, unverkennbar asiatisches Aroma, doch manche verabscheuen ihn.

Passt zu: Schwein, Chili, Krabben, Zitronengras, Ananas, Gurke, Avocado

Minze Frisch, mit etwas Menthol, ein sehr dominantes Gewürz. Nur sparsam verwenden: zu viel Minze kann ein Gericht regelrecht ruinieren. Die Blätter verfärben sich schnell und verderben andere Kräuter, die mit ihnen in Berührung kommen.

Dazu passt: Hummus, Melone, Linsen, Feta, Lamm, Erbsen, Kokosnuss

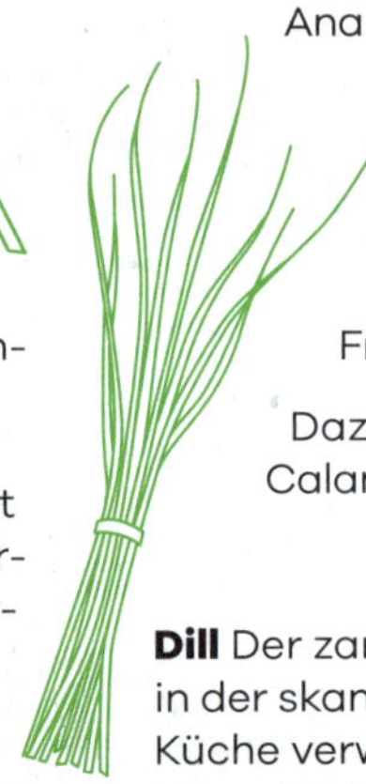

Schnittlauch Sein Geschmack vereint die besten Aromen von Zwiebel und Knoblauch. Sie können auch die grünen Teile von Frühlingszwiebeln verwenden.

Dazu passt: Klöße, Hummer, Eier, Calamari, Pilze, Butter, grüner Salat

Dill Der zarte Dill wird oft in der skandinavischen Küche verwendet, hat einen leichten Anisgeschmack und erinnert an Fenchel.

Dazu passt: eingelegtes Gemüse, Eier, Lachs, Sahne, Joghurt, Blumenkohl

Basilikum Wie Oregano lässt mich dieses Gewürz sofort an Italien denken. Es verströmt eine herrliche Frische (feiner als die der Minze) mit einem Hauch Anis und Zitrone.

Dazu passt: Pasta, Erdnüsse, Mango, Erdbeeren, Zucchini, würziges Rindfleisch

Und on top: Kerbel Feiner im Geschmack als Petersilie, mit weniger Anisnoten als Estragon und doch so zart wie Dill, ist Kerbel vielleicht mein Favorit unter den frischen Kräutern in der französischen Küche.

#HACK

6 getrocknete Kräuter

Thymian, Rosmarin, Oregano und andere Kräuter, die in wärmeren Regionen wachsen, bewahren ihr Aroma in getrocknetem Zustand extrem gut. So können sie viel länger gelagert werden als im frischen Zustand und sind in der Küche daher sehr praktisch. Hier kommt mein Kräuter-Dream-Team.

Thymian Seine kleinen, spitzen Blätter haben ein frisches, spritziges und fast zitrusartiges Aroma, das an Zitronen, Orangen und Zitronengras erinnert. Er ist ein fixer Bestandteil der mediterranen und nahöstlichen Küche.

Passt zu: schwarzer Pfeffer, Steak, Knochenmark, Knoblauch, Hähnchen, Feigen, Kartoffeln, gebratenes Gemüse

Lorbeerblatt Toll für Marinaden. Sein Aroma erinnert mich an den enormen Lorbeerstrauch im Garten meiner Großmutter und an Coca Cola. Komisch, oder?

Ein Tipp, entfernen Sie das Lorbeerblatt nach dem Kochen, es ist nicht essbar.

Passt zu: Ossobuco, Eintöpfe, Birnen, Weißwein, Honig, Kichererbsen, Suppen, Saucen

Rosmarin Sein Aroma ist kräftiger und seine silbrigen nadelähnlichen Blätter sind fester als bei Thymian. Deshalb müssen sie feiner gehackt oder als ganze Zweige verwendet und nach dem Kochen entfernt werden. Rosmarin eignet sich auch hervorragend für Marinaden.

Dazu passt: Lamm, Oliven, Pfirsiche, Frühkartoffeln, Paprikaschoten, Mandeln

Oregano Wenn ich an Oregano denke, fällt mir sofort Pizza ein. Meine Küche habe ich wunderschön mit Oregano-Sträußchen dekoriert (ich mache nämlich bei uns die Hausarbeit!).

Dazu passt: Tomaten, Pizza (Marinara ist das beste Beispiel dafür), Joghurt, würzige Gerichte, schwarze Bohnen

Salbei Er hat einen sehr markanten Geschmack und roh wäre er nichts für mich, da mir sein Aroma zu kräftig ist. Doch gekocht oder gebraten verfeinert Salbei viele Gerichte mit seinem einzigartigen Geschmack.

Dazu passt: Gnocchi, Zwiebeln, Kürbis, Polenta, Kaninchen, Wurst, Weizen, Kapern

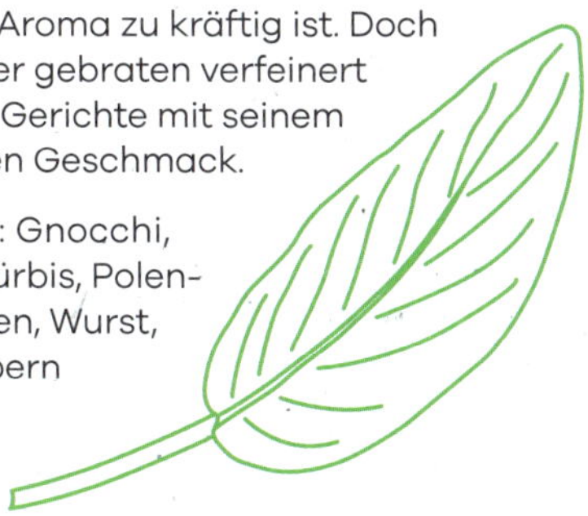

Bohnenkraut Ist nicht so bekannt wie die anderen Kräuter. Eigentlich schade, da es ein herrliches Aroma besitzt – pfeffrig, würzig, etwa zwischen Thymian und Knoblauch ... Es gilt auch als Aphrodisiakum, hat also wirklich einiges zu bieten.

Dazu passt: Linsen, grüne Bohnen, Dicke Bohnen, Hähnchen, Wurzelgemüse

Kalte grüne Linsen mit chinesischer Räucherwurst

Ich habe diesem Bistro-Klassiker eine neue geschmackliche Richtung gegeben, indem ich den Räucherlachs, der normalerweise in Frankreich dafür verwendet wird, durch kantonesische Räucherwurst ersetzt habe. Die Vinaigrette bildet einen schönen Kontrast zur fettigen Wurst und macht das Gericht lebendiger und ausdrucksstärker.

Für 4 Personen

Für den Salat

300 g getrocknete grüne Linsen – ich kann wirklich ganz objektiv sagen, dass das Gericht mit französischen grünen Linsen sicherlich am besten wird.
4 chinesische Räucherwürste
6 Radieschen, in Scheiben geschnitten
6 Frühlingszwiebeln, in Scheiben geschnitten, grüne und weiße Teile voneinander getrennt

Für die Vinaigrette

3 EL Olivenöl
1 EL Rotweinessig
1 TL Senf
1 Messerspitze zerdrückter Knoblauch
Salz
frisch gemahlener Pfeffer

Die Linsen müssen nicht eingeweicht werden – einfach in einen Topf mit ungesalzenem kalten Wasser geben und 25 Minuten kochen, nach 10 Minuten die chinesische Wurst hinzufügen. Abgießen, Linsen und Wurst auskühlen lassen und im Kühlschrank kalt stellen, bis Sie den Salat zubereiten.

Bereiten Sie inzwischen die Vinaigrette vor, indem Sie alle Zutaten mit einem Schneebesen verrühren. Vergessen Sie nicht den Senf, da sich sonst keine homogene Emulsion bilden kann.

Linsen, in Scheiben geschnittene Würste, Radieschen, weiße Teile der Frühlingszwiebeln und Vinaigrette in Portionsschüsseln vermischen. Grüne Teile der Frühlingszwiebeln darüberstreuen und servieren.

Wussten Sie …

… dass der kantonesische Name der Wurst Lap Cheong ist? Da sie getrocknet, gepökelt und geräuchert wird, bekommt man sie meist vakuumverpackt, wodurch sie ungeöffnet über ein Jahr hält. In asiatischen Lebensmittelläden ist sie ganz leicht zu finden. Auf der Packung steht 臘腸. Kriegen Sie das hin?

Bunter Möhrensalat

Zu diesem Rezept hat mich die marokkanische Küche inspiriert, die zu den besten Nordafrikas zählt und wirklich eine meiner Lieblingsküchen ist. Sie ist reich an verführerischen Aromen und Gewürzen und verbindet, wie in diesem Rezept, oft süße und herzhafte Noten miteinander.

Für 4 Personen

4 EL griechischer Joghurt
ein paar Tropfen Orangenblütenwasser
1 unbehandelte Orange, davon 1 großzügiger Spritzer frisch gepresster Saft sowie etwas abgeriebene Schale
Salz
frisch gemahlener Pfeffer
6 verschiedenfarbige Möhren, Sie können auch nur orangefarbene verwenden (das wirkt aber etwas langweilig!)
gehackte Pistazien und Zimtpulver zum Bestreuen
glatte Petersilie zum Garnieren

In einer Portionsschüssel Joghurt mit Orangenblütenwasser, Orangensaft und etwas abgeriebener Orangenschale vermischen. Salzen und pfeffern und beiseitestellen.

Die Möhren längs in feine Streifen hobeln, am einfachsten geht das mit einem Gemüseschäler. Die Orange oben und unten kappen und auf die Arbeitsfläche stellen. Mit einem kleinen, scharfen Messer die dicke Schale und die darunterliegende weiße Haut streifenweise von oben nach unten abschälen. Aus dem Fruchtfleisch Spalten herausschneiden – diesen Vorgang nennt man „filetieren" – übrig bleiben dann nur die weißen Trennhäute.

Die Möhren und Orangenspalten auf einer Servierplatte anrichten, das Joghurt-Dressing darüberträufeln und mit gehackten Pistazien und einer Prise Zimt bestreuen. Mit glatter Petersilie garnieren.

UNBEDINGT MERKEN!

Ein Gemüseschäler ist genial, da man mit ihm Gemüse in wirklich feine Streifen hobeln kann. Ich verwende ihn ständig und für jede Art von Gemüse, dem ich für Salate einen neuen Look verpassen will.

Hering mit warmem Kartoffelsalat

Klassisches Zeug, ich weiß. Doch dieses Rezept soll Ihnen zeigen, wie man kalte und warme Speisen kombiniert. Diese ist auf jeden Fall eine meiner Lieblingsvorspeisen – einfach, aber stylish. Dieses klassische Bistro-Rezept spielt mit dem Kontrast zwischen den heißen Kartoffeln und dem kalten, marinierten Hering.

Für 4 Personen

4 geräucherte Heringfilets
2 Schalotten, fein gehackt
4 kleine Möhren, in feine Scheiben geschnitten
4 frische Dillzweige, fein gehackt
1 EL ganze Gewürze, um den Fisch zu marinieren, z. B. Fenchelsamen, Koriandersamen, schwarze oder rosa Pfefferkörner
3 Lorbeerblätter
6 EL geschmacksneutrales Öl – wenn Sie Walnuss- oder Haselnussöl im Küchenschrank haben, verwenden Sie davon auch ein paar Tropfen
2 EL Apfelessig oder Weißweinessig
4 mittelgroße Kartoffeln, geschält und im Ganzen

Zum Garnieren
Dillzweige und Schalottenringe

Den Hering 1 Stunde vor dem Servieren gemeinsam mit Schalotten, Möhren, Dill, Gewürzen und Lorbeerblättern in eine flache Auflaufform geben. Öl und Essig mit einem Löffel darübergießen. Die Form mit Frischhaltefolie abdecken und bis zum Servieren im Kühlschrank kalt stellen.

Die Kartoffeln 20–30 Minuten in einem Topf in kochendem Wasser garen, bis sie weich sind. Die klassische Methode sieht vor, die Kartoffeln mit der Schale zu kochen – und sich dann beim Schälen die Finger zu verbrennen! Also schäle ich sie, bevor ich sie koche – Blasphemie, ich weiß.

Die Kartoffeln abseihen, in 5 mm dicke Scheiben schneiden und auf vier Teller verteilen. Die Heringe wie Räucherlachs aufschneiden, allerdings in etwas dickere Scheiben, und mit den Möhren zu den Kartoffeln legen. Mit kleinen Dillzweigen und Schalottenringen bestreuen und etwas Marinade über jede Portion geben.

Fotos auf Seite 36, 44 und 45.

Salat Niçoise mit Sardellen, Tomaten, Artischocken und Dicken Bohnen

Dieser Salat bringt die mediterrane Küche, die ich so liebe, perfekt auf den Punkt. Er ist einfach, frisch, saisonal und beliebt, allerdings HÖCHST umstritten. Die Auseinandersetzungen darüber, wie er richtig gemacht wird, haben wahrscheinlich das Potenzial, einen Krieg auszulösen. Bei einer Sache jedoch sind sich alle einig: Gekochte Zutaten haben in diesem Salat nichts verloren.

Für 4 Personen

6 mittelgroße Tomaten
Salz
3 Eier (Größe M)
1 grüne Paprikaschote
4 Radieschen
2 Frühlingszwiebeln
1 kg junge, frische Dicke Bohnen in Schoten – wenn Sie die nicht bekommen können, kochen Sie schnell 250 g tiefgefrorene Dicke Bohnen, aber sagen Sie es niemandem
4 kleine lila Artischocken
1 Schuss Zitronensaft
1 Knoblauchzehe, geschält
12–16 Sardellenfilets
Olivenöl

Schneiden Sie zuerst die Tomaten in Spalten. Die Spalten auf Küchenpapier legen, mit Salz bestreuen und ein paar Minuten ziehen lassen. Dadurch intensiviert sich der Geschmack der Tomaten und der Salat wird weniger wässrig.

Die Eier 8 Minuten lang kochen, abgießen und in einer Schüssel mit kaltem Wasser abkühlen. Eier schälen und in Spalten schneiden.

Die Paprikaschote von Stiel und Kernen befreien und in feine Ringe schneiden. Radieschen in feine Scheiben schneiden und Frühlingszwiebeln fein hacken.

Die Bohnen aus den Schoten holen und 12-14 Minuten in Salzwasser garen.

Stiele der Artischocken bis auf 1 cm abschneiden. Harte äußere Blätter entfernen, ⅓ der Spitze abschneiden und alle fasrigen Stellen rund um den Boden mit einem kleinen scharfen Messer entfernen. Artischocken halbieren, das Heu in der Mitte entfernen und Artischocke in Scheiben schneiden. Sofort in eine Schüssel mit kaltem Wasser und Zitronensaft legen, damit sie sich nicht verfärben.

Eine große Servierplatte nur so stark mit Knoblauch einreiben, dass einem der Geruch sanft in die Nase steigt, aber keine Ohnmacht auslöst. Tomaten, Eier, Paprikaringe, Radieschen, Bohnen und Artischocken auf der Platte anrichten und die Frühlingszwiebeln sowie Sardellen darauf verteilen. Mit Olivenöl beträufeln und servieren. Essig ist hier keiner notwendig, da die Zutaten dem Salat die nötige Säure verleihen.

Die pochierten Eier müssen nicht sein, sind aber bei diesem Salat definitiv das Tüpfelchen auf dem i.

Frisée-Salat mit Speckstückchen, Croutons und Ahornsirup-Dressing

Der berühmte „Friseé aux lardons" – zweifelsohne ein Salat mit Stil! Heiß, kalt, knusprig, knackig, geschmeidig, salzig, bitter, süß … Er bedient alle Geschmacksnerven auf einen Schlag. Und wenn Sie gekochte Kartoffeln übrig haben, können Sie daraus eine vollwertige Mahlzeit machen.

Für 4 Personen

etwas Öl zum Braten
6 Speckscheiben, in große Stücke geschnitten
½ mittelgroße Zwiebel, grob gehackt
150 g altbackenes Brot, klein gewürfelt (ehrlich gesagt, bleibt bei mir nie Brot übrig, und es bleibt auch nie Zeit, es alt werden zu lassen. Also verwenden Sie einfach das Brot, das Sie haben)
4 Eier (Größe M, je frischer sie sind, desto leichter geht das Pochieren)
4 EL Apfelessig
2 EL Ahornsirup
8 EL Raps- oder Erdnussöl
1 TL Dijon-Senf
Salz
frisch gemahlener Pfeffer
1 großer Frisée-Salat (krause Endivie)
frisch gehackter Schnittlauch

Keinen Frisée-Salat bekommen?

Nehmen Sie einen anderen Salat, jedoch einen mit Charakter, d. h. bitter und knackig, da davon die Ausgewogenheit des Gerichts abhängt. Ich würde Löwenzahnblätter, Römersalat, oder Chicorée empfehlen …

Etwas Öl in einer Pfanne erhitzen und Speckstücke, Zwiebel und Brotwürfel bei mittlerer Hitze darin anbraten. Die beiden zuletzt genannten Zutaten sollten in der Pfanne sofort miteinander Bekanntschaft schließen.

Wasser in einem Topf aufkochen und dann die Hitze reduzieren, bis das Wasser nur noch leicht köchelt. 1 Ei in eine Tasse schlagen und ganz vorsichtig ins Wasser gleiten lassen. 3–4 Minuten pochieren. Das Ei mit einem Schaumlöffel herausheben und auf Küchenkrepp abtropfen lassen. Wer damit Probleme hat, kann sich auf YouTube Videos dazu ansehen. Am besten erklärt wird das Pochieren im Video des englischen Küchenchefs Heston Blumenthal. Mit den restlichen drei Eiern wiederholen.

Essig, Ahornsirup, Öl, Senf, Salz und Pfeffer in ein Einmachglas füllen. Den Deckel zuschrauben und das Glas kräftig schütteln, damit sich die Zutaten vermischen und ein sämiges, schmackhaftes Dressing entsteht.

Anschließend den Frisée-Salat sorgfältig waschen und abtropfen lassen.

Salat mit dem Dressing vermischen, bis die Blätter damit überzogen sind, und auf 4 Tellern anrichten. Mit einem Löffel Speck, Zwiebel und Brotwürfel darauf verteilen und Schnittlauch darüberstreuen. Zum Schluss jeweils ein pochiertes Ei in die Mitte setzen. Lassen Sie Ihre Gäste das Anschneiden der Eier übernehmen, damit sie hautnah erleben, wie sich das flüssige Eigelb über den Salat ergießt.

Coleslaw vom Blattkohl

Dieses Rezept basiert auf der Soulfood-Küche in den Südstaaten der USA, deren Gerichte einfache, lokale Lebensmittel ins Rampenlicht rücken und mit sehr viel Liebe zubereitet werden. Kochen in seiner reinsten Form! Gewöhnlicher Krautsalat ist mir zu deftig. Dieser hier ist zwar eine leichtere Variante, zählt für mich aber trotzdem zu den Wohlfühlgerichten – doch mit einem Hauch Seele.

Reicht für eine große Gruppe
Wunderbar für Parties geeignet

Für das Dressing
8 EL griechischer Joghurt (laktosefreier Joghurt geht auch)
2 TL milder Senf (oder eine scharfe Sorte, wenn das Dressing mehr Pep haben soll)
2 EL Apfelessig
Salz
frisch gemahlener Pfeffer

Für den Coleslaw
300 g frischer Blattkohl
¼ eines Weißkohlkopfes
100 g weiches Blattgemüse, z. B. junger Grünkohl oder Spinat
100 g Salatblätter mit pfeffrigem Geschmack, z. B. Brunnenkresse, Rauke, Löwenzahnblätter
1 Möhre
2 große Äpfel, geschält und ohne Kerngehäuse
400 g Mais
½ Bund Petersilie, gehackt

Mit dem Dressing beginnen. Joghurt und Senf vermischen, Apfelessig hinzufügen (genau das Richtige für dieses leichte Dressing) und mit Salz und Pfeffer würzen. Probieren und nach Geschmack nachwürzen. Ich mache oft eine größere Menge, da es sich im Kühlschrank locker eine Woche hält.

Für den Coleslaw Blattkohl, Weißkohl, weiches Blattgemüse und pfeffrigen Salat fein schneiden, Möhre und Äpfel reiben. Gemüse, Früchte, Mais und Petersilie in eine große Schüssel geben, das Dressing darübergießen und gut vermengen. Das mache ich immer mit den Händen. Dabei kann ich den Salat etwas zerdrücken, damit das Dressing in die Früchte und das Gemüse einziehen kann, was sie weicher macht.

Empfehlenswert

Ich habe Soulfood durch ein Buch, das ich absolut fantastisch finde, entdeckt: „Vibration Cooking: Or, the Travel Notes of a Geechee Girl" von Vertamae Smart-Grosvenor, die selbst von Sklaven abstammt.

Panzanella oder die Kunst, aus altem Brot Salat zu machen

Dieser Salat verkörpert für mich den Sommer, da er den Körper stärkt und gleichermaßen den Geist erfrischt. Natürlich hat das Salatrezept seinen Ursprung in Italien. Aber da ich statt Ciabatta altes Sauerteigbrot verwende, habe ich das Gefühl – eine völlig irrige Annahme, ich weiß – dass es auch ein klein wenig mein Rezept ist.

Für 2 Personen

300 g Sauerteigbrot, leicht altbacken, oder – was noch realistischer wäre – schon jenseits von Gut und Böse
6 Tomaten
½ Gurke
1 grüne oder rote Paprikaschote, entkernt
½ rote Zwiebel
Salz
1–2 EL Rotweinessig
Olivenöl
frisch gemahlener Pfeffer
1 kleines Bund frisches Basilikum oder frischer Estragon
50 g Pecorino

Das Brot in 1–2 cm große Würfel schneiden und – ganz wichtig – die Krümel aufheben, da sie später zum Eindicken des Dressings verwendet werden können.

Tomaten, Gurke und Paprikaschoten in ähnlich große Stücke wie die Brotwürfel schneiden.

Zwiebel sehr fein hacken und in eine Schüssel mit sehr kaltem Salzwasser tauchen. Das kühlt die temperamentvollen Zwiebeln ab, nimmt ihnen etwas von ihrer Schärfe und hält sie knackig.

Den Rotweinessig in einer großen Salatschüssel mit der dreifachen Menge Olivenöl vermengen und mit Salz und Pfeffer würzen. Die zerkleinerten Zutaten sowie die aufbewahrten Krümel hinzufügen und alles mit den Händen kräftig vermengen, bis Brot und Gemüse mit der Vinaigrette überzogen sind.

Zuletzt Basilikum- oder Estragonblätter zerkleinern, Pecorino zerkrümeln und beides über den Salat streuen.

ICH GESTEHE

Am Ende trinke ich immer den Saft, der sich am Schüsselboden gesammelt hat und zu einer Art Sauce geworden ist.

Mein Ding

Am liebsten bereite ich diesen Salat ganz ohne Messer zu. Ich zerpflücke, breche und zerkrümle alle Zutaten mit den Händen und knete sie etwas durch. Dadurch sieht der Salat sehr naturbelassen und fast schon ein bisschen wild aus. Und das finde ich sehr beruhigend.

Snacks

Sauerteigbrotrezept für Normalsterbliche

Dieses Rezept ist NICHT einfach, es ist allerdings das einfachste Sauerteigbrotrezept, das ich kenne. Hey – Freunde! – das ist doch schon mal ein Pluspunkt!

Für den Vorteig

In einem großen Einmachglas 20 g Vollkornmehl mit 4 TL lauwarmem Wasser vermischen. Locker mit Frischhaltefolie abdecken und 1–3 Tage an einem warmen Ort stehen lassen., bis sich Blasen an der Teigoberfläche bilden. 2½ EL Wasser und 40 g Vollkornmehl hinzufügen. Locker abdecken und 1 Tag stehen lassen. Der Teig geht auf und fällt dann wieder zusammen. Wieder 80 g Vollkornmehl und 80 ml Wasser einrühren. Nach knapp einem Tag sollte der Teig an Volumen zugenommen und viele Blasen gebildet haben. Gratuliere, Sie haben es geschafft! Ihr Vorteig ist fertig! Nehmen Sie jeden Morgen 2 EL davon weg und rühren Sie 2 EL Wasser und jeweils 1 EL Vollkorn- und Weizenmehl ein. Das wird jeweils die Teigbasis für den nächsten Teig.

Das Sauerteigbrot zubereiten

2 EL Vorteig in eine saubere Schüssel geben , 100 ml lauwarmes Wasser und 100 g Weizenmehl einrühren. Abdecken und an einem warmen Ort stehen lassen, bis sein Volumen sich verdoppelt hat und locker und luftig ist (3–5 Stunden). Den Teig in eine große Schüssel umfüllen, 400 ml lauwarmes Wasser und 600 g Weizenmehl zufügen. Gut vermengen, abdecken, 30 Minuten ruhen lassen. 2 TL Salz und 1 Schuss Wasser zufügen und verrühren. Den Teig aus der Schüssel holen und auf der Arbeitsfläche 10 Minuten kräftig durchkneten. Sie glauben, ich will Sie auf den Arm nehmen? Kneten Sie schön weiter – bis der Teig glatt und geschmeidig, aber noch etwas klebrig ist. Teig in eine Schüssel geben, mit Folie abdecken und an einem warmen Ort 4 Stunden gehen lassen.

Den Teig auf eine unbemehlte Arbeitsfläche stürzen, mit Mehl bestäuben und dann umdrehen. Nun gilt es, Spannung im Teig aufzubauen, indem Sie ihn von den Rändern her einklappen und rund formen. Abdecken und 30 Minuten ruhen lassen. In dieser Zeit wird der Teig etwas zusammenfallen. Den Teig mit Mehl bestäuben, umdrehen und wie einen Briefumschlag falten – von unten nach oben, von rechts nach links, von links nach rechts, von oben nach unten und dann wieder von unten nach oben. Schließlich rollen Sie den Teig ein. Mit der Nahtstelle nach unten drücken Sie den Teig mit der Handfläche langsam, aber kräftig in alle Richtungen. Sie sollten spüren, wie sich die Spannung im Teig aufbaut und eine schön straffe Teighaut entsteht. Eine große Schüssel mit Küchenkrepp auslegen und großzügig mit Reismehl bestäuben. Den Teig zu einer Kugel formen und mit Reismehl bestäuben. Den Teig mit der Oberseite nach unten in die Schüssel legen. Die Nahtstelle ist jetzt oben. Mit Mehl bestäuben, Schüssel abdecken und über Nacht kalt stellen. Den Teig zwei Stunden vor dem Backen aus dem Kühlschrank holen. Springt er nicht sofort zurück, wenn Sie ihn leicht drücken, dann lassen Sie ihn noch ein paar Stunden im Kühlschrank.

Bräter mit Deckel 30 Minuten vor dem Backen in den Ofen stellen und vorwärmen. Ofen auf 250 °C Ober- und Unterhitze vorheizen. Einen Bogen Backpapier auf die Arbeitsfläche legen und den Teig behutsam mit der Oberseite nach unten daraufstürzen. Den Teig mit einer Rasierklinge der Länge nach ca. 1 cm tief einritzen (die Klinge dabei in einem flachen Winkel halten). Den Bräter aus dem Ofen nehmen, das Papier mit dem Teig hochheben und beides hineinsetzen. Vorsicht! Der Bräter ist sehr heiß. Deckel auflegen und zurück in den Ofen! Temperatur sofort auf 220 °C reduzieren und 25 Minuten backen. Deckel entfernen und das Brot weitere 25 Minuten backen, bis es goldbraun ist. Aus dem Ofen nehmen und vor dem Anschneiden auf einem Ofengitter abkühlen lassen.

Zweierlei Tartines NYC vs. Paris

Die französische Küche gilt manchmal als etwas verstaubt, abgehoben und steif (oder wie wir hier sagen, „coincé du cul", wenn Sie verzeihen). Ich finde, dieses Image muss man revidieren, wenn es um einfache, spaßige Gerichte wie Tartines geht. Offene Sandwiches, die ein bisschen an Pizza erinnern – oder?

Jede Tartine ergibt 1 Portion

2 große Scheiben Sauerteigbrot

Für die NYC-Variante
2–3 EL Frischkäse
1 große Tomate, gewürfelt
2–3 Scheiben gepökelter Lachs (Lox – mein Kommentar dazu unten)
1 TL Kapern
2 oder 3 sehr feine rote Zwiebelringe

Für die Paris-Variante
2–3 grüne Spargelspitzen
2 EL Weißweinessig
1 TL Zucker
Salz
2 rote Radieschen
1 große Knoblauchzehe
leicht gesalzene Butter
1–2 Scheiben guter Schinken
frische Kerbelblätter (oder auch Petersilie, Estragon, Thymian)

KOMMENTAR

Lox nennt man Lachs, der erst gepökelt und dann kalt geräuchert wurde. Er wird in den USA sehr gerne gegessen, besonders mit Frischkäse in Bagels. Sie können genauso gut Räucherlachs verwenden, aber sehen Sie zu, dass Sie fettige, mit weißen Streifen durchzogene Scheiben bekommen.

Zuerst das Sauerteigbrot toasten bzw. grillen, allerdings nur leicht. Es soll nicht knusprig wie Zwieback werden, sondern nur keine Feuchtigkeit aus dem Belag aufnehmen. Es darf aber ruhig ein paar angeröstete Stellen geben. Ich weiß, ich mach's kompliziert, aber ich bin verrückt nach Brot.

Für die NYC -Tartine, das getoastete Brot großzügig mit Frischkäse bestreichen und dann abwechselnd mit Tomaten und Lachs belegen. Die Kapern darüberstreuen und zum Schluss die Zwiebelringe darauf verteilen.

Für die Pariser Tartine, die Spargelspitzen mit einem Gemüseschäler in feine Streifen hobeln und zusammen mit Essig, Zucker und 1 Prise Salz in eine Schüssel geben. Beiseitestellen und in der Marinade ziehen lassen, während Sie weitermachen.

Die Radieschen in Scheiben schneiden.

Die Knoblauchzehe halbieren, mit den Schnittflächen das Brot einreiben und es dünn mit Butter bestreichen. Wenn Sie keine leicht gesalzene Butter haben, verwenden Sie einfach ungesalzene und bestreuen Sie sie mit Meersalzflocken.

Lassen Sie sich den Schinken beim Metzger oder an der Wursttheke im Supermarkt sehr fein aufschneiden und legen Sie die Scheiben „in Wellen" auf das Brot (so sieht es üppiger aus).

Den Spargel abtropfen lassen und mit den Radieschen auf dem Schinken verteilen. Abschließend mit frischen Kräutern bestreuen. Die Tartine mit einem Brotmesser dritteln und servieren.

Vegetarische Frühlingsrollen mit Sriracha-Mayonnaise

Eine herrlich frische und bunte vegetarische Version der vietnamesischen Frühlingsrollen. Reispapierblätter sind übrigens ganz große Klasse – sie sind günstig, halten ewig und können außer für Frühlingsrollen noch für viele andere Speisen verwendet werden. Z. B. für meine süßen Sommerrollen auf Seite 163 oder die knusprigen Snacks auf Seite 61.

Ergibt 12 Rollen

Für die Füllung
1 große Möhre
350 g Knollensellerie
2 EL Erdnussöl, plus zusätzliches Öl, wenn Sie die Rollen frittieren möchten
2,5 cm frischer Ingwer, geschält und geraspelt
1 EL Honig
1 EL Reisessig
2 EL frisch gehackter Koriander
150 g eingelegte Rote Bete

Für die Hülle
12 Reispapierblätter

Für die Sriracha-Mayonnaise
1 Knoblauchzehe, fein zerdrückt
230 g Mayonnaise
3 EL Sriracha (scharfe thailändische Chilisauce)
Zitronensaft

Die Möhre mit einem Gemüseschäler in feine Scheiben hobeln und dann in kleine Stifte schneiden. Den Knollensellerie schälen und sehr klein würfeln. 2 EL Öl in einer Pfanne erhitzen und Selleriewürfel und Ingwer bei mittlerer bis schwacher Hitze darin anbraten, bis sie weich und goldbraun sind. Honig und Reisessig darüberträufeln und unter regelmäßigem Rühren den Sellerie karamelisieren lassen (er soll nicht verbrennen!). Den Koriander hinzufügen, dann alles zum Abkühlen beiseitestellen. Die Rote Bete klein würfeln.

Zum Füllen der Frühlingsrollen warmes Wasser in ein großes Gefäß geben, ein Reispapierblatt kurz ins Wasser tauchen, bis es schön geschmeidig ist, und dann auf eine flache Unterlage legen. Mit einem Löffel etwas Gemüsefüllung und Rote Bete auf das untere Drittel des Reispapiers geben. Das Reispapier eng um die Füllung wickeln und die Seiten links und rechts einschlagen, bevor Sie das Papier fertig aufrollen. Mit den übrigen Reispapierblättern wiederholen und 12 Rollen zubereiten.

Für die Sriracha-Mayonnaise alle Zutaten verrühren. Probieren und eventuell mehr Zitronensaft oder Sriracha hinzufügen.

Die Frühlingsrollen mit der Mayonnaise servieren.

Salat-Wraps mit Peking-Ente

Für Peking-Ente braucht man klarerweise eine Ente. Doch man braucht auch die jahrelange Erfahrung eines chinesischen Kochs und muss fünf ganze Tage seines Lebens für die Zubereitung opfern. Ja, genau! Also bringen Sie der nächsten Peking-Ente, die Sie kaufen, etwas mehr Respekt entgegen. Ich versuche das mit diesem Rezept.

Ergibt 6 Wraps

½ fertig zubereitete Peking-Ente aus einem asiatischen Supermarkt oder Chinarestaurant
6 große, feste Salatblätter, z. B. Eisberg
6–12 EL Hoisin-Sauce
½ Gurke, in kleine Stifte geschnitten
3 Frühlingszwiebeln, in feine Streifen geschnitten
3 Chilischoten, in feine Streifen geschnitten
75 g geröstete, ungesalzene Erdnüsse, grob gehackt
1 Limette, in 6 Spalten geschnitten

Mit zwei Gabeln (so macht es der nette Chinese im Restaurant immer), die Haut und das Fleisch vollständig von der Ente ablösen und in lange Stücke zerteilen.

Die Entenstücke auf die Salatblätter verteilen und mit je 1–2 EL Hoisin-Sauce (nach Geschmack) beträufeln.

Gurkenstifte, Frühlingszwiebeln, Chilistreifen und Erdnüsse daraufhäufen und mit Limettensaft besprenkeln. Jetzt die Salatblätter aufrollen. Mit den Fingern essen – und genießen!

4 schnelle Snacks

Knusprig gebratene Kichererbsen

Eine Dose Kichererbsen öffnen, gut abgießen und auf einem mit Küchenkrepp ausgelegtem Teller ausbreiten. Die Kichererbsen mit noch mehr Küchenkrepp trocken tupfen. Kichererbsen nicht schälen, da die Haut nach dem Braten der knusprigste Teil ist. In einem tiefen Topf geschmacksneutrales Frittieröl auf 180 °C erhitzen und die Kichererbsen 3 Minuten darin frittieren. Am Anfang spritzt das Öl oft, gehen Sie also lieber einen Schritt hinter die Pfanne. Die Kichererbsen auf Küchenkrepp abtropfen lassen und mit Salz und Ihren Lieblingsgewürzen aromatisieren (ich würde Zimt oder Paprika verwenden).

Superschnelles Kimchi auf französische Art

150 g Sauerkraut mit 1 EL Harissa-Paste vermischen. Es versteht sich von selbst, dass die Menge der Paste, die Sie dazugeben, davon abhängt, wie sehr Sie Chili mögen und wie würzig die Harissa-Paste ist. Wenn ich Kimchi nicht einfach so aus der Schüssel löffle, verwende ich es zum Garnieren für alles Mögliche.

Nori-Chips

Mit der Schere Nori-Blätter in ca. daumenbreite Streifen schneiden, die etwa zwei- bis dreimal so lang wie breit sind. Küchenkrepp oder die Finger in geschmacksneutrales Öl tauchen und das Öl auf die Streifen reiben (aber Vorsicht, nicht zu viel Öl nehmen). Dann mit Salz bestreuen. Den Ofen auf 200 °C Ober- und Unterhitze (180 °C Umluft) vorheizen. Nori-Streifen auf ein Backpapier legen und 5–10 Minuten backen, bis sie beginnen, sich einzurollen.

Gebratene Reispapierblätter

Das schnellste Rezept der Welt! In einem Wok oder einer Frittierpfanne ca. 1 cm hohes geschmacksneutrales Öl erhitzen. Mit einer Metallzange die trockenen Reispapierblätter einzeln vorsichtig für 10 Sekunden in das heiße Öl halten, bis sie beginnen, sich einzurollen, und knusprig sind. Herausheben und großzügig mit Salz und Gewürzen bestreuen (wie wär's mit Fünf-Gewürze-Pulver?).

Ahi poké Salat-Wrap

Man sagt nicht „Ahi Thunfisch", da „Ahi" auf Hawaiianisch schon Gelbflossenthunfisch heißt. Das Inamona-Relish in meinem Rezept ist eine abgewandelte Variante des traditionellen Inamona, das aus gerösteten und gesalzenen „Kuku", den Kukui-Nüssen (Früchte des Lichtnussbaumes) gemacht wird. Aber immerhin haben Sie gerade drei hawaiianische Wörter gelernt. Das ist doch beachtlich!

Ergibt 2 Wraps

2 El geschmacksneutrales Öl, z. B. Rapsöl
100 g sehr frisches rohes Thunfisch-Steak (Sushi-Qualität), 1 cm dick
1 EL helle Sojasauce
1,25 cm frischer Ingwer, gerieben
weiße Teile von 1 Frühlingszwiebel, fein gehackt
1 TL Sesam
1 milde Chilischote, entkernt und fein gehackt

Für das Inamona-Relish
25 g Macadamianüsse
Salz (nur falls die Nüsse ungesalzen sind)
1 getrocknetes Nori-Blatt

Zum Garnieren
grüne Teile von 1-2 Frühlingsrollen [Schalotten], längs in dünne Streifen geschnitten (vorher in Schüssel kaltes Wasser legen bis sie sich kringeln)
¼ Avocado, gewürfelt
2 große Blätter Grüner Salat
Limettensaft und Schalenabrieb

In einer Pfanne 1 EL Öl erhitzen und das Thufisch-Steak bei starker Hitze auf beiden Seiten scharf anbraten. Thunfisch aus der Pfanne nehmen und in 1 cm große Würfel schneiden. Mit dem restlichen Öl in eine Schüssel geben, damit er seine Farbe behält.

Sojasauce, Ingwer die weißen Teile der Frühlingszwiebeln – die grünen heben Sie für später auf – Sesam und fein gehackte Chili hinzufügen. Abdecken und im Kühlschrank aufbewahren.

Für das Inamona-Relish die Macadamianüsse ggf. salzen und mit dem Nori-Blatt grob hacken.

Die grünen Teile der Frühlingszwiebeln gemeinsam mit den Avocadowürfeln zur Thunfischmischung geben. Behutsam umrühren, bis alles gut vermischt ist.

Die Hälfte der Mischung mit einem Löffel auf ein großes Salatblatt häufen, mit Limettensaft beträufeln und mit Limettenschale bestreuen. Das Salatblatt um die Füllung wickeln. Mit den restlichen Zutaten einen zweiten Wrap machen.

Die Wraps mit dem Inamona-Relish und den eingerollten grünen Teilen der Frühlingszwiebeln anrichten.

Reina Pepiada – Arepa mit Hähnchensalat-Füllung

Arepas sind kleine runde Fladen aus Masarepa. Dabei handelt es sich um ein sehr feines, vorgekochtes Maismehl. Aber Vorsicht! – Es hat nichts mit normaler Maisstärke zu tun, die nicht dafür geeignet ist. Arepa-Fladen sind außen knusprig und innen weich und fluffig. Sie sind fixer Bestandteil der kolumbianischen und venezolanischen Küche und werden zu jeder Tageszeit gegessen – mittags, zum Abendessen oder nach einer durchzechten Nacht!

Ergibt 8 Stück

Für die Arepas
1 TL Salz
180 g Masarepa (Maismehl)
2 EL geschmacksneutrales Öl, plus Öl zum Braten

Für die Reina Pepiada-Füllung
2 EL geschmacksneutrales Öl
2 Zwiebeln, fein gehackt
1 EL Rohrzucker
450 g gekochtes Hähnchenfleisch, zerkleinert
2 Avocados, entsteint, geschält und gehackt
2 Knoblauchzehen, fein zerdrückt
2 EL frisch gehackter Koriander
scharfe Chilisauce, nach Geschmack
Limettensaft
Salz
frisch gemahlener Pfeffer
2–3 EL Mayonnaise

Für die Arepas 450 ml lauwarmes Wasser und Salz in eine Schüssel geben, nach und nach Masarepa darüberstreuen und mit einem Löffel einrühren. Alles mit den Fingern vermengen, bis ein weicher, geschmeidiger Teig entsteht. Ist der Teig zu klebrig, fügen Sie mehr Masarepa hinzu, ist er zu trocken, braucht er mehr Wasser. Öl in den Teig einkneten. Teig zu einer Kugel formen und etwas flach drücken.

Teig in 8 Portionen teilen. Hände mit Wasser befeuchten, dass der Teig nicht daran kleben bleibt, und jede Portion zu einer Kugel formen. Diese zu 2 cm dicken Talern zusammendrücken.

Den Ofen auf 180 °C Ober- und Unterhitze (160 °C Umluft) vorheizen.

Eine ordentliche Portion Öl in einer schweren Pfanne erhitzen und Teigtaler bei mittlerer Hitze auf jeder Seite 5–10 Minuten anbraten, bis goldbraune Flecken zu sehen sind. Taler aus der Pfanne nehmen, auf das Ofengitter legen und im Ofen 10 Minuten lang fertig backen.

Während die Arepas gebacken werden, machen Sie sich an die Reina Pepiada. Öl in einer Pfanne erhitzen und die Zwiebeln darin glasig andünsten. Die Zwiebeln mit dem Zucker bestreuen und karamellisieren, aber nicht anbrennen lassen! Die Hähnchenstücke in eine Portionsschüssel geben und Avocado, Knoblauch, Koriander und karamellisierte Zwiebeln hinzufügen. Mit Chilisauce, einem Spritzer Limettensaft, Salz und Pfeffer würzen. Zuletzt Mayonnaise einrühren, damit sich alles zu einer groben Paste verbindet.

Die fertigen Arepas in der Mitte wie Pitabrote einschneiden und mit der Reina Pepiada-Masse füllen. Sofort essen. Danken können Sie mir später.

Garnelen Banh-Mi trifft auf Jambon Beurre

Das klassische französische Schinken-Sandwich, „Jambon Beurre", schmeckt großartig, ihm fehlt jedoch das gewisse Etwas. Deshalb bringe ich hier das Beste aus zwei Kulturen zusammen: knuspriges französisches Brot, gefüllt mit herrlich würzigen vietnamesischen Aromen.

Für 3 Personen

Für die marinierte Möhre
1 große Möhre
Essig (ich verwende Reisessig, aber sie können auch jeden anderen Essig nehmen)
1 EL Zucker
Salz

Für die Garnelenbratlinge
6 große rohe Garnelen
2 EL geschmacksneutrales Öl
ein wenig Sesamöl
1 EL Maggi-Würze
2 Knoblauchzehen, fein zerdrückt
1 TL geriebene Ingwerwurzel
1 Ei, verquirlt
1 rote Chilischote, gehackt
2 EL Mehl
Salz
frisch gemahlener Pfeffer

Zum Anrichten
1 französisches Baguette
Mayonnaise
Gurke
Bohnensprossen
frisch gehackter Koriander
in Scheiben geschnittene Frühlingszwiebeln
Maggi-Würze
gehackte rote Chilischoten zum Garnieren

Zuerst die Möhre mit einem Gemüseschäler der Länge nach in feine Streifen schneiden. Streifen in eine kleine Schüssel geben, Essig darübergießen und Zucker und etwas Salz hinzufügen. Die Marinade mit den Fingern in die Möhren einmassieren, damit sie die Essig- und Zuckeraromen aufnehmen, und die Möhren dann darin ziehen lassen.

Für die Garnelenbratlinge die Garnelen schälen. Köpfe, Schwänze und Schalen der Garnelen aufbewahren und in einer Pfanne in Öl anbraten, bis alles eine tiefrosa Farbe hat. Abseihen und die Garnelenreste wegwerfen. Das herrliche Garnelenöl aber aufheben.

Die Garnelen fein hacken und in eine Rührschüssel geben. Etwas Sesamöl, Maggi-Würze, Knoblauch, Ingwer, verquirltes Ei und gehackten Chili dazugeben. Mehl einrühren, um die Masse zu binden, und alles mit Salz und Pfeffer würzen.

Das Garnelenöl wieder erwärmen und behutsam jeweils 1 EL Garnelenmasse in die Pfanne setzen und so 6 Bratlinge formen – seien Sie dabei vorsichtig, da das Öl leicht spritzt. Braten, bis die Bratlinge auf der Unterseite goldbraun sind. Dann umdrehen und die andere Seite braten.

Um die Garnelen-Banh-Mi anzurichten, das Baguette in 3 gleichgroße Stücke teilen und jedes in der Mitte auseinanderschneiden. Die unteren Brothälften mit Mayonnaise bestreichen und jeweils 2 Garnelenbratlinge daraufsetzen. Mit einem Gemüseschäler die Gurke in lange, feine Streifen schneiden. Zuerst die Gurke und die marinierten, gut abgetropften Möhrenstreifen auf den Bratlingen verteilen, dann ein paar Bohnensprossen, etwas gehackten Koriander und zerkleinerte Frühlingszwiebeln darüberstreuen. Zuletzt mit etwas Maggi-Würze beträufeln und mit gehacktem Chili bestreuen, bevor Sie die oberen Brothälften daraufsetzen. Ich mag ein Sandwich am liebsten, wenn es sich kaum zusammendrücken lässt.

Tunesischer Snack

Man kennt Olivenöl und Datteln aus Tunesien. Doch weniger bekannt ist der herrliche tunesische Dosenthunfisch. Ich koche gerne mit Zutaten aus Dosen, da es mir einfach große Freude macht, simple Zutaten aufzuwerten, wie hier bei diesem herrlichen Chili-Sandwich.

Für 3–4 Personen

1 Laib Weißbrot, ca. 30 cm lang (siehe meinen Kommentar unten)
140 g Thunfisch in Öl aus der Dose (Abtropfgewicht)

<u>Für den tunesischen Salat</u>
1 große Tomate
1 grüne Paprikaschote, entkernt
½ Gurke
¼ Bund frischer Koriander
¼ Zwiebel
Olivenöl (ist das Öl in der Thunfischdose von guter Qualität, verwenden Sie es ruhig für das Salatdressing)
Salz
frisch gemahlener Pfeffer
etwas Zitronensaft

<u>Zum Anrichten</u>
2 Eier (Größe M)
2 TL Harissa (ich persönlich liebe Harissa und nehme immer ein bisschen mehr davon)
2 TL Kapern
2 TL fein gehackte, eingelegte Zitronen
100 g gekochte Kartoffeln, in Scheiben oder gehackt
1–2 Chilischoten, gehackt

Das Brot der Länge nach halbieren. Anschließend den Thunfisch abtropfen lassen, und das restliche Öl eventuell für den Salat aufheben.

Für den tunesischen Salat Tomate, grüne Paprikaschote und Gurke klein würfeln. Drei Viertel des Korianders grob zerkleinern, den Rest zum Garnieren des Sandwichs zurückbehalten und die Zwiebel fein hacken. Alles in einer Schüssel mit Olivenöl, Salz, Pfeffer und dem Zitronensaft vermengen.

Die Eier 10 Minuten hart kochen. Abseihen und in eine Schüssel mit kaltem Wasser geben. Sobald man die Eier anfassen kann, schälen und in Scheiben schneiden.

Das Brot aufklappen und beide Seiten mit Harissa bestreichen. Den Salat auf der unteren Brothälfte verteilen, dann den in große Stücke zerpflückten Thunfisch, die Eischeiben und zuletzt Kapern, eingelegte Zitronen und Kartoffeln darauflegen.

Chili mit den restliche Korianderblättern darauf verteilen, die obere Brothälfte auflegen und servieren.

Gut zu wissen

Weißbrot ist in Tunesien sehr beliebt, seit die Italiener es dorthin gebracht haben, als sie im 19. und frühen 20. Jahrhundert als Arbeiter ins Land kamen. Das Weißbrot heißt dort „Khobz", ist länglich, hat eine recht feste Konsistenz und ist auf der Oberseite mit Schwarzkümmelsamen bestreut. Man bekommt es normalerweise in türkischen oder orientalischen Lebensmittelläden. Wenn Sie keins bekommen können, verwenden Sie stattdessen einfach Fladenbrot, Baguette oder Ciabatta.

#HACK

12 Gewürze, die einen Küchenchef aus Ihnen machen

Ich liebe meine Gewürze! Das Essen erhält durch sie jede Menge Aroma und Farbe. Sie sind ein wesentlicher Bestandteil anspruchsvoller Curries, können aber auch Reis oder Pasta zu etwas Besonderem machen. Nicht nur Profiköche, sondern auch jeder Hobbykoch sollte sie verwenden. Ich habe hier eine Liste der Gewürze zusammengestellt, die ich immer im Küchenregal habe.

Schwarzer Pfeffer – intensiv und pikant

Gibt jedem herzhaften Gericht Tiefe und Schärfe, kann aber auch sparsam bei Desserts verwendet werden (ein Hauch frisch gemahlener schwarzer Pfeffer passt zum Beispiel hervorragend zu Erdbeeren und Sahne).

Dazu passt: Pasta (definitiv Carbonara), Steak, Möhren, Mais, Sahne, Blumenkohl

Chilipulver – scharf und rot

Schärfe in Pulverform ist so praktisch, dass sie hier nicht fehlen darf. Leider wird Chilipulver in Frankreich kaum verwendet, obwohl Schärfe ein unverzichtbarer Bestandteil so vieler Gerichte ist. Stellen Sie sich die thailändische oder mexikanische Küche einmal ohne sie vor... Sehen Sie?

Dazu passt: Garnelen, Krabben, Auberginen, Wok-Gerichte, Rindfleisch, Ramen, Schweinefleisch

Zimt – süß und holzig

Er wird auf der ganzen Welt geliebt verwendet. Besonders in Nordeuropa, Nordamerika und Nordafrika. Ich verwende eine halbe Zimtstange, um Eintöpfe und Marinaden zu aromatisieren, und die gemahlene Variante zum Bestreuen von Desserts.

Dazu passt: Crème brulée, Süßgebäck, Apfelkuchen, Doughnuts, marokkanische Pastilla, Reis (Tipp: Geben Sie auch Lorbeer dazu)

Nelken – dominant mit Mentholgeschmack

ULTRA-herb, SUPER-intensiv und MEGA-mentholig. Lassen Sie sich nicht von der Größe täuschen! Verwenden Sie nur eine (oder zwei) dieser winzigen Geschmacksbomben und verfeinern Sie auf geniale Weise Ihre Brühe damit. Doch eine zu viel wird Ihren Gaumen buchstäblich für immer betäuben.

Dazu passt: Französisches *Pot au Feu* und vietnamesische *Pho Bo*

Koriandersamen – frisch und zitronig

Ein Gewürz, das eher Frische als Wärme verleiht. Wenn Sie finden, dass frischer Koriander nach Seife schmeckt, geben Sie den Samen eine Chance, ihr Geschmack ist ganz anders. Koriander gleicht den intensiven Geschmack von Kreuzkümmel aus, darum werden die beiden gerne gemeinsam verwendet.

Dazu passt: eingelegtes Gemüse, Curries, Eintöpfe, Marinaden

Kreuzkümmel – warm und erdig

Sehr kräftiges Aroma. Häufig in der mexikanischen, nahöstlichen, nordafrikanischen und indischen Küche verwendet.

Kreuzkümmelsamen und Koriander gleichen sich gegenseitig gut aus.

Dazu passt: Chili, Falafel, Pastinaken, Honig, Petersilie, schwarze Bohnen, Zwiebel

Fenchelsamen – frisch mit Anisaroma

Nichts Pfeffriges, nichts Holziges, kein Zitrusaroma, keine Schärfe und nichts Rauchiges – sie haben ein frisches Anisaroma. Weniger intensiv als Sternanis aber vielseitiger einsetzbar. Wie Koriandersamen bringen sie eine gewisse Frische mit, sind aber frecher.

Passt zu: Würsten (italienische), Fisch und Meeresfrüchte, Wok-Gerichte (ist eines der Gewürze im chinesischen Fünf-Gewürze-Pulver)

Knoblauchpulver – intensiv

Ich bin in einem mediterran geprägten Umfeld aufgewachsen und habe Knoblauch daher schon mit dem Babyfläschchen aufgesogen (das war ein Scherz, alles klar?). Das Pulver ist recht intensiv, deshalb verwende ich meistens milderes Knoblauchgranulat.

Dazu passt: Zwiebeln, Sellerie, Möhren, Ingwer

Gemahlener Ingwer – pikant

Wie beim Knoblauch verwende ich so oft wie möglich frischen Ingwer. Es ist aber praktisch, gemahlenen im Küchenregal zu haben, nur für alle Fälle.

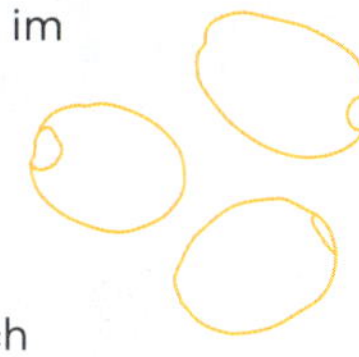

Dazu passt: alle Marinaden oder indisch angehauchten Gerichten. Und natürlich auch Kuchen und Kekse.

Muskatnuss – holzig und zitronig

Wird häufig als ganze Nuss verkauft, die man dann fein reibt. Doch Vorsicht! Weniger ist hier mehr. Muskatnuss kann giftig sein, wenn man zu viel davon erwischt. Sie glauben, ich scherze? Das meine ich todernst.

Dazu passt: würzige Cremes, sämige Reisdesserts, Füllungen von Pies, Spinat... Weiße Saucen wie die Béchamel kommen gar nicht ohne aus.

Paprikapulver – warm und tiefrot

Ein Gewürz, das ich erst spät in meinem kulinarischen Werdegang entdeckt habe und in das ich mich sofort verliebt habe. In seine kräftige tiefrote Farbe und die dezente Schärfe, doch vor allem in seine, einem Kaminfeuer ähnliche, warme Ausstrahlung

Dazu passt: Schweinerippchen, Rinderbrust, frischer Ziegenkäse, Tortilla oder Gerichte, die Sie mit BBQ-Geschmack aufpeppen möchten.

Kurkuma – pfeffrig und strahlend gelb

Das perfekte Beispiel dafür, wie wichtig Gewürze für die Farbe eines Gerichts sind! Kurkuma ist ein kraftvolles optisches Feuerwerk, das überall in Indien, Pakistan und Bangladesch verwendet wird.

Dazu passt: Blumenkohl, Kohl, Wurzelgemüse, Reis, Suppen

Pizza & Quiche

Quiche Lorraine mit himmlischem Boden

So wie bei Pizza oder Sushi hängen viele Leute dem Irrglauben an, dass eine gute Quiche von der Qualität ihrer Füllung abhängt. Ich finde, dass der Boden mit seinem buttrigen Geschmack, der goldbraunen Farbe und seiner knusprig-krümeligen Konsistenz die wahre Größe dieser kultigen Tarte ausmacht. Ein kleiner Trick: Um die Leute wirklich zu überraschen, gebe ich Gewürze zum Mürbteig.

Für 6 Personen

Für den Mürbteig
1 TL Kreuzkümmelsamen
1 TL Koriandersamen
½ TL Pimentkörner
½ TL ganze schwarze Pfefferkörner
230 g Weizenmehl, plus Mehl zum Ausrollen und Bestäuben
120 g Butter, gewürfelt und zimmerwarm, plus Butter zum Einfetten
½ TL Salz
1 Ei (Größe M)
3 EL Milch

Für die Füllung
230 ml Milch
230 ml Crème fraîche
3 Eier (Größe M)
Salz
frisch gemahlener Pfeffer
150–200 g bester Räucherspeck (Bacon) in Scheiben

Gewürze in eine Bratpfanne geben, bei starker Hitze 30–60 Sekunden anrösten. Gewürze zu einem feinen Pulver vermahlen und, wenn Sie sie nicht gleich verarbeiten, in einem luftdichten Behälter aufbewahren.

Für den Teig in einer Rührschüssel Mehl, Butter, Salz und die gemahlenen Gewürze mit den Fingerspitzen fein zerkrümeln. Das Ei mit der Milch verquirlen und nach und nach behutsam in die Mehlmischung einkneten, bis ein glatter Teig entsteht.

Den Ofen auf 200 °C Ober- und Unterhitze (180 °C Umluft) vorheizen. Den Teig auf einer leicht bemehlten Unterlage 5 mm dick ausrollen und in eine Quicheform (25 cm Durchmesser) mit Hebeboden legen. Die Form zuvor mit Butter einfetten und leicht mit Mehl bestäuben. Um zu verhindern, dass sich der Teig in der Mitte aufwölbt (sieht lustig aus, ist aber nicht zielführend), bedecken Sie ihn mit Backpapier und beschweren dieses mit trockenen Bohnen oder Kichererbsen. Diese Methode nennt man Blindbacken. 15 Minuten backen und dann aus dem Ofen nehmen. Aber den Ofen nicht ausschalten.

Für die Füllung Milch, Crème fraîche und Eier in einer Schüssel verquirlen und mit Salz und Pfeffer würzen. Den Speck in Streifen schneiden und in einer Pfanne ohne Öl anbraten, bis er goldbraun ist.

Sobald Sie den Quiche-Boden aus dem Ofen genommen haben, entfernen Sie die Bohnen und das Backpapier und verteilen die Speckstreifen auf dem Boden. Die Eimischung vorsichtig daraufgießen. 45 Minuten lang backen, bis die Füllung goldbraun, aber in der Mitte noch leicht wabbelig ist.

ÜBRIGENS …

Kneten Sie den Teig so wenig wie möglich. Viele Leute glauben, dass man Teig lange kneten muss, damit er glatt und elastisch wird. Das stimmt auch, aber nur wenn es sich um Brot- oder Pizzateig handelt. Für Mürbteig gilt das genaue Gegenteil, da er ja weich und krümelig werden soll.

Kunterbunte Quiche mit Pilzen und Blauschimmelkäse

Ok, ich weiß, dass Pilze nur gleichmäßig garen können, wenn sie in gleich große Stücke geschnitten sind und dass jeder nur dann ein gleichwertiges Stück bekommt, wenn die Füllung schön über die gesamte Form verteilt wird. Aber diese ganze Symmetrie ist doch langweilig!!! Zupft man Pilze mit den Fingern auseinander, entstehen verschiedene Konsistenzen und Aromen. Genauso stellen die zufällig über den Quicheboden verteilten Zutaten für alle am Tisch eine Herausforderung dar. Sie müssen jetzt entscheiden, welches Quichestück sie möchten: lieber das mit mehr geschmolzenem Käse drauf oder das mit den holzigen Pilzaromen? Regelmäßigkeit stellt vielleicht alle zufrieden, doch Unregelmäßigkeit weckt Emotionen.

Für 6 Personen

Olivenöl
300 g Wild- oder Zuchtpilze, z. B. Portobellos, Steinpilze, Shiitake-Pilze
1 TL Butter, plus Butter zum Einfetten
1 kleine Knoblauchzehe, fein zerdrückt
2 EL frisch gehackte Kräuter, eine Mischung aus Petersilie und Estragon oder Thymian
Salz
frisch gemahlener Pfeffer
1 Portion Mürbteig wie für die Quiche Lorraine mit himmlischem Boden, nur ohne Gewürze (Rezept Seite 70)
Mehl zum Bestäuben
100 g weicher Blauschimmelkäse, in Stücke geschnitten
10 ganze, gekochte Edelkastanien aus der Dose, in große Stücke zerteilt

Für die Füllung
230 ml Milch
230 ml Crème fraîche
3 Eier
Salz
frisch gemahlener Pfeffer

Etwas Öl in einer Bratpfanne oder – idealerweise – einer Grillpfanne erhitzen und die Pilze bei mittlerer bis starker Hitze darin anbraten. Achten Sie darauf, dass die Pilze nicht übereinanderliegen, oder reißen Sie sie behutsam in etwa 2,5 cm große Stücke. Von Zeit zu Zeit wenden, bis sie schön braun sind. Vom Herd nehmen und beiseitestellen.

Butter, Knoblauch und gehackte Kräuter zu den heißen Pilzen geben und mit Salz und Pfeffer würzen. Rühren Sie vorsichtig um und widerstehen Sie der Versuchung, sie gleich zu essen. Sie brauchen die Pilze später noch!

Den Ofen auf 200 °C Ober- und Unterhitze (180 °C Umluft) vorheizen. Den Teig auf einer leicht bemehlten Unterlage 5 mm dick ausrollen und in eine Quicheform (25 cm Durchmesser) mit Hebeboden legen. Die Form zuvor mit Butter einfetten und leicht mit Mehl bestäuben. Den Teig 15 Minuten lang blindbacken (siehe Seite 70). Danach aus dem Ofen nehmen, aber den Ofen nicht ausschalten.

Für die Füllung Milch, Crème fraîche und Eier in einer Schüssel verquirlen und mit Salz und Pfeffer würzen.

Sobald Sie den Quicheboden aus dem Ofen genommen haben, entfernen Sie die Bohnen und das Backpapier und verteilen die Pilze, den Blauschimmelkäse und die Kastanien auf dem Boden. Anschließend die Eimischung vorsichtig daraufgießen und etwa 45 Minuten lang backen, bis die Füllung goldbraun, aber in der Mitte noch ein wenig wabbelig ist.

Ratatouille-Quiche

Das Wort „Ratatouille" stammt aus der okzitanischen Sprache, die heute noch in Südfrankreich gesprochen wird, und bedeutet gemischter Eintopf. Aber was für ein Eintopf! Er ist nicht nur frisch, bunt und leicht zuzubereiten, sondern auch ein tolles Gericht, mit dem man Kindern Gemüse schmackhaft machen kann. Verwandelt man es in eine Quiche, werden sie vielleicht sogar zu Vegetariern.

Für 6 Personen

Für die Ratatouille
1 große rote Zwiebel
3 Knoblauchzehen
1 rote Paprikaschote
1 gelbe oder orange Paprikaschote
1 Zucchini
1 kleine Aubergine
4 Tomaten
Olivenöl
1 EL frische Thymianblätter

Für den Mürbteig
1 Portion Mürbteig wie für die Quiche Lorraine mit himmlischem Boden, nur ohne Gewürze (Rezept Seite 70)
Butter zum Einfetten
Mehl zum Bestäuben

Für die Füllung
120 ml Milch
120 ml Crème fraîche
3 Eier (Größe M)
Salz
frisch gemahlener Pfeffer

frische Basilikumblätter zum Garnieren, zerpflückt

Für die Ratatouille Zwiebel schälen und in Spalten schneiden. Die Knoblauchzehen in feine Scheiben schneiden. Paprikaschoten entkernen, Zucchini und Aubergine von den Enden befreien und alles in 2,5 cm große Stücke schneiden. Die Tomaten vierteln.

2–3 EL Olivenöl in einem großen Bräter oder einem Topf erhitzen und Zwiebel und Knoblauch bei niedriger Hitze ca. 5 Minuten darin braten, bis die Zwiebel weich ist. Paprikaschoten, Zucchini, Aubergine und Thymianblätter hinzufügen, die Hitze etwas erhöhen und das Gemüse bei mittlerer Hitze 10–15 Minuten braten, bis es weich und goldbraun ist. Von Zeit zu Zeit umrühren. Das Gemüse auf einen Teller geben und mit den Tomaten beiseitestellen.

Den Ofen auf 200 °C Ober- und Unterhitze (180 °C Umluft) vorheizen. Den Teig auf einer leicht bemehlten Unterlage 5 mm dick ausrollen und in eine Quicheform (25 cm Durchmesser) mit Hebeboden legen. Die Form zuvor mit Butter einfetten und leicht mit Mehl bestäuben. 15 Minuten lang blindbacken (siehe Seite 70). Danach aus dem Ofen nehmen, aber den Ofen nicht ausschalten.

Für die Füllung Milch, Crème fraîche und Eier in einer Schüssel verquirlen und mit Salz und Pfeffer würzen.

Sobald Sie die Teigform aus dem Ofen genommen haben, entfernen Sie die Bohnen und das Backpapier und verteilen das Gemüse gleichmäßig auf dem Boden. Mit einer großen Prise Salz und schwarzen Pfeffer aus der Mühle würzen. Die Eimischung vorsichtig darübergießen und die Form leicht hin und herbewegen, damit sich die gesamte Masse darin gleichmäßig verteilt.

30 Minuten backen, bis die Füllung goldbraun, aber in der Mitte noch leicht wabbelig ist. Zerpflückte Basilikumblätter darüberstreuen und heiß servieren.

#HACK

Wie man echte neapolitanische Pizza macht. Ein Crashkurs

Es gibt nur sehr, sehr wenige Rezepte, die ich auf Punkt und Komma befolge. Ich glaube an die Interpretationsfreiheit. Auch wenn ich ein bisschen mehr hiervon oder davon für ein Gericht verwende, geht die Welt nicht unter. Das gilt jedoch nicht, wenn es um neapolitanische Pizza geht. Dann verwandle ich mich von einem locker lässigen Hippie in einen zwanghaft akribischen Apotheker, der für DIE perfekte Pizza einen Mord begehen würde!

Der Teig Das Wichtigste für eine gute Pizza ist der Teig. Die Zutaten sind sehr simpel – Wasser, Mehl, Salz und Hefe. Doch daraus einen Teig zu machen, ist schwierig genug. Man braucht Einiges an Erfahrung für den perfekten Teig.

Das Mehl Verwenden Sie möglichst Weizenmehl mit einem hohen Proteingehalt [>10%] und der Bezeichnung „TYPE 00". Es ist feiner und kann das Wasser besser absorbieren. Sie können auch das klassische Mehl „Type 405" bzw. „550" verwenden.

Die Hefe Der Teig kann sowohl mit Trockenhefe als auch mit frischer Hefe gemacht werden. Wichtig ist, dass Sie nur sehr wenig davon verwenden [0,2% der Mehlmenge] und dass die Gehzeiten für den Teig ausreichend lang sind.

Flüssigkeit Der Teig für neapolitanische Pizza enthält viel Flüssigkeit [65-70% der Mehlmenge]. Dadurch wird er viel elastischer und bleibt vor allem während des Backens locker und luftig.

Gehzeiten Wie Brotteig muss Pizzateig zweimal gehen: Das erste Mal 2 Stunden bei Raumtemperatur [25 °C] und das zweite Mal wesentlich länger. Das mache ich normalerweise über Nacht im Kühlschrank.

Formen Ein Teig, der lange genug ruhen durfte, kann schnell und ohne viel Aufwand zu einem Pizzaboden geformt werden. Eine Hand flach auf den Teig legen und mit gebeugten Fingern zu den Rändern hin die Luft aus dem Teig drücken, bis eine Scheibe entsteht, in der Mitte 5 mm dick und 1–2 cm an den Rändern.

Tomatensauce Sie ist einfacher zuzubereiten, als Sie denken. Sie brauchen dazu gute Tomaten aus der Dose, die Sie mit Öl, Salz und Oregano zerdrücken, bis eine glatte Sauce entsteht.

Käse Verwenden Sie Mozzarella plus Parmesan. Ich habe die Erfahrung gemacht, dass eine trockenere Mozzarellasorte, die weniger Wasser freisetzt, dazu beiträgt, dass der Teig in der Mitte gut durchgart. Nehmen Sie niemals zu viel Parmesan.

Backen Damit eine Pizza gelingt, muss sie im Ofen gebacken werden, und zwar schnell und bei hoher Temperatur. Heizen Sie also den Ofen auf höchster Stufe vor.

Pizzastein/-platte In einem klassischen Pizzaofen wird die Pizza von unten gebacken. Um das nachzuahmen, verwenden Sie einen vorgewärmten Pizzastein, eine umgedrehte, vorgewärmte Grillpfanne oder „Backstahl", eine Platte aus Edelstahl.

Die Pizza – das große Finale Der Rand muss aufgehen und schön gebräunt sein. Die Pizza sollte eine regelmäßige und runde Form haben, auf der Unterseite schön braun und in der Mitte weich sein. Der Käse muss geschmolzen, darf aber nicht verbrannt sein.

Ein kleiner Regelverstoß Die Basilikumblätter sollten eigentlich mit der Pizza gebacken werden. Das ist die Regel. Aber... Ich halte mich nie daran. Werden die frischen Blätter gegart, zerstört man ihr ganzes Aroma. Also streue ich sie erst am Ende darüber.

Pizza Paris

Offensichtlich essen nur die Amerikaner noch mehr Pizza als die Franzosen, aber – ich möchte ja nicht angeben – es ist wahrscheinlich mir zu verdanken, dass wir auf Platz zwei liegen.

Für 3 Personen

Für den echt italienischen Pizzateig (reicht für 3 große Pizzaböden)
1 EL Salz
530 g Weizenmehl Type 00 (wahlweise Type 405 oder 550)
1 Päckchen Trockenhefe (7 g)

150 g junge Spargelspitzen
120 g Schinken
80 g Champignons
80 g Ziegenfrischkäse
1 EL Olivenöl, plus Öl zum Beträufeln
Salz
frisch gemahlener Pfeffer
frisch gehackter Estragon zum Garnieren

Für echten italienischen Pizzateig 350 ml warmes (kein heißes) Wasser in eine große Schüssel gießen. Salz hinzufügen und warten, bis es sich aufgelöst hat.

50 g Mehl mit einem Schneebesen gut einrühren. Dann die Hefe dazugeben und nach und nach das restliche Mehl einrühren, bis ein Teig entsteht.

Den Teig ca. 20 Minuten kneten, bis er schön glatt ist. Mit Frischhaltefolie abdecken und bei Raumtemperatur 2 Stunden gehen lassen. Den Teig in drei gleiche Portionen teilen, zu Kugeln formen und in einen luftdichten Behälter legen. Er sollte so groß sein, dass sie nicht aneinanderkleben, wenn sie an Volumen zunehmen. Mindestens 6 Stunden bei Raumtemperatur oder, besser, 12–36 Stunden im Kühlschrank gehen lassen, das verbessert die Konsistenz und den Geschmack des Teigs. Bravo! Sie haben gerade meinen echt italienischen Pizzateig gemacht. (Wenn Sie nicht alle Teigportionen sofort verarbeiten, legen Sie die restlichen Kugeln in eine leicht geölte Schüssel, die Sie mit Frischhaltefolie abdecken und bis zu 2 Tage einfrieren. In verschlossenen Frischhaltebeuteln können Sie den Teig auch bis zu 3 Monate einfrieren; über Nacht im Kühlschrank auftauen und vor dem Verarbeiten auf Raumtemperatur bringen.)

Nun zum Belag. Harte Teile von den Spargelspitzen entfernen, Schinken klein schneiden und Champignons halbieren. Sehr kleine Pilze können ganz bleiben.

Ziegenfrischkäse mit dem Olivenöl vermischen und mit Salz und Pfeffer würzen.

Den Ofen mit Pizzastein auf höchster Stufe vorheizen, wenn Sie keinen Pizzastein haben, eine umgedrehte Grillpfanne im Ofen vorwärmen. Mit einem Nudelholz eine Pizzateigkugel auf einen Durchmesser von 25 cm ausrollen. Den Pizzaboden auf Backpapier legen und die Ziegenkäsemischung darauf verteilen. Mit dem Belag belegen und mit etwas Olivenöl beträufeln.

Die Pizza auf den Pizzastein oder die vorgewärmte Grillpfanne legen und 5–10 Minuten backen, bis der Teigrand schön braun und knusprig ist. Mit gehacktem Estragon bestreuen und sofort servieren.

Pizza Marinière

„Marinière" bezeichnet normalerweise Miesmuscheln in Wein-Schalottensauce mit Petersilie, wie man sie in den Küstenorten isst. Gegessen werden sie mit den Fingern, wobei ganz genau darauf geachtet wird, nicht einen Tropfen von der kostbaren, sämigen Sauce im Topf übrig zu lassen. Die Idee ist hier dieselbe – nur in Pizzaform.

Für 3 Personen

300 g frische Miesmuscheln in der Schale
½ Bund glatte Petersilie
3 mittelgroße Schalotten
1 TL Butter
1 TL frische Thymianblätter
1 Knoblauchzehe, in Scheiben geschnitten
frisch gemahlener Pfeffer
200 ml trockener Weißwein oder, wenn Sie keinen Alkohol verwenden möchten, 170 ml Gemüsebrühe, versetzt mit ein paar Tropfen Apfelessig
1 EL Weizenmehl
1 EL Crème double
1 Kugel roher Pizzateig
(siehe Seite 76), zum Verarbeiten bereit

Die Muscheln gründlich unter kaltem fließenden Wasser säubern. Mit einem kleinen Messer den Bart entfernen und Seepocken abkratzen. Werfen Sie beschädigte oder offene Muscheln, die sich nicht sofort schließen, wenn man kräftig daraufklopft, weg.

Blätter von der Petersilie zupfen, Stiele aufbewahren. 2 Schalotten und die Petersilienstiele fein hacken. Butter zugedeckt in einer großen Pfanne bei mittlerer Hitze erwärmen. Dann gehackte Schalotten, Petersilienstiele, Thymian und Knoblauch hinzufügen und ohne Deckel dünsten, bis alles weich ist. Hitze erhöhen, Muscheln in die Pfanne geben, mit Pfeffer würzen und Wein oder Brühe dazugießen. Die Pfanne sofort abdecken und alles 3 Minuten garen. Deckel von der Pfanne nehmen, umrühren, die Pfanne wieder abdecken und weitere 3 Minuten garen. Inzwischen sollten sich alle Muscheln geöffnet haben. Noch geschlossene Muscheln aussortieren und wegwerfen.

Den Muschelsaft abgießen und die Flüssigkeit in einen Topf füllen. Den Topf stark erhitzen und mit einem Schneebesen das Mehl unterrühren, bis eine glatte Sauce entsteht. Die Sauce köcheln lassen, bis die Flüssigkeit auf die Hälfte eingekocht ist, und dann die Crème double hinzufügen. (Für Pizza muss die Sauce schön dick sein.)

Den Ofen mit Pizzastein auf höchster Stufe vorheizen und, wenn Sie keinen Pizzastein haben, eine umgedrehte Grillpfanne im Ofen vorwärmen. Mit einem Nudelholz die Pizzateigkugel auf einen Durchmesser von 25 cm ausrollen. Den Pizzaboden auf einen Bogen Backpapier legen, die Sauce darauf verteilen und mit den offenen Muscheln belegen. Die restliche Schalotte klein hacken und darüberstreuen. Ich persönlich lasse die Muscheln gerne in der Schale, da ich finde, dass es sehr schön aussieht.

Die Pizza auf den Pizzastein oder die vorgewärmte Grillpfanne heben und 5–10 Minuten backen, bis der Teigrand schön braun und knusprig ist. Mit den gehackten Petersilienblättern bestreuen und sofort servieren.

Foto auf Seite 79

Gut zu wissen

Als „Marinière" bezeichnet man auch einen gestreiften Pullover, den Segler – oder Hipster – in ganz Frankreich tragen. Nur damit Sie Bescheid wissen – ich bin dann mal segeln.

Auch das ist wieder eine Abwandlung eines traditionellen Rezepts. Dieses Mal habe ich mich von der „Pissaladière" inspirieren lassen, einer köstlichen Tarte aus der Provence im Südosten Frankreichs.

Pizza Pissaladière

Für 3 Personen

3 Sardinen aus der Dose, abgetropft
6 Sardellen aus der Dose, abgetropft
Olivenöl
3 große Zwiebeln, fein gehackt
Salz
1 Kugel roher Pizzateig (siehe Seite 76), zum Verarbeiten bereit
1 kleine rote Paprikaschote, entkernt und in feine Streifen geschnitten
1 kleine Fenchelknolle, in feine Streifen geschnitten
1 Handvoll entsteinte schwarze Oliven
gehackte Thymian- und Rosmarinblätter (am besten frisch, sonst getrocknete)

Was tun?

Wenn Sie Sardellen nicht mögen, nehmen Sie Sardinen. Wenn Ihnen das auch nicht weiterhilft, lassen Sie den Fisch weg und nehmen Olivenpaste. Wenn Sie Oliven auch nicht mögen, WAS, ZUM DONNERWETTER, SCHMECKT IHNEN DANN ÜBERHAUPT??

Sardinen und Sardellen pürieren. Etwa 5 EL Olivenöl hinzufügen und erneut pürieren, bis eine glatte Paste entsteht. Das ist die Basis für unser Gericht.

4 EL Olivenöl in einem Bräter oder einer großen Pfanne mit Deckel erhitzen, gehackte Zwiebeln hinzufügen und mit Salz würzen. Zugedeckt bei schwacher Hitze mindestens 1 Stunde dünsten lassen. Ok, das klingt nach viel Aufwand, aber dieses Zwiebelkompott können Sie dann für alles Mögliche verwenden. Mit Öl bedeckt hält es sich in einem verschlossenen Glas im Kühlschrank locker eine Woche.

Den Ofen mit Pizzastein auf höchster Stufe vorheizen und, wenn Sie keinen Pizzastein haben, eine umgedrehte Grillpfanne im Ofen vorwärmen. Mit einem Nudelholz die Pizzateigkugel auf einen Durchmesser von 25 cm ausrollen. Den Pizzaboden auf Backpapier legen und 3 EL Sardinenpaste darauf verstreichen. Vorsicht, sie ist sehr salzig und kräftig im Geschmack. 8 EL Zwiebelkompott darauf verteilen und mit Paprika und Fenchel belegen. Thymian, Rosmarin und Oliven darüberstreuen und mit Olivenöl beträufeln.

Die Pizza auf den Pizzastein oder die vorgewärmte Grillpfanne legen und 5–10 Minuten backen, bis der Rand schön braun und knusprig ist.

Flammkuchen-Pizza

Tarte flambée ist eine Spezialität aus dem Elsass im Osten Frankreichs, wo sie auch Flammkuchen genannt wird. Für mich ist sie zu hundert Prozent eine Pizza: die Form, wie sie zubereitet und wie sie gebacken wird. Nur der Teig war nicht ganz nach meinem Geschmack. Ich fand ihn ein bisschen trocken und weniger lecker als diese herrlichen Pizzaböden aus Neapel. Problem gelöst. Sie werden sehen, es gibt keinen Unterschied.

Für 3 Personen

50 g sehr guter Räucherspeck in Scheiben (Bacon) – knausern Sie hier nicht!
etwas Olivenöl
1 kleine Zwiebel, gehackt
100 g Ricotta oder griechischer Joghurt
4 EL Crème fraîche, 30 % Fett
Salz
frisch gemahlener Pfeffer
frisch geriebene Muskatnuss
1 Kugel roher Pizzateig (siehe Seite 76), zum Verarbeiten bereit

Den Speck in kleine Stücke schneiden.

Etwas Olivenöl in einer Pfanne erhitzen und Speck und Zwiebeln bei schwacher Hitze darin andünsten, bis die Zwiebeln glasig sind.

In einer Schüssel Ricotta oder Joghurt und Crème fraîche vermischen. Mit Salz, Pfeffer und etwas geriebener Muskatnuss abschmecken.

Den Ofen mit Pizzastein auf höchster Stufe vorheizen und, wenn Sie keinen Pizzastein haben, eine umgedrehte Grillpfanne im Ofen vorwärmen. Mit einem Nudelholz eine Pizzateigkugel auf einen Durchmesser von 20–25 cm ausrollen. Den runden Pizzaboden auf einen Bogen Backpapier legen und die Crème-fraîche-Mischung darauf verteilen. Mit Zwiebeln und Speckstücken belegen.

Die Pizza auf den Pizzastein oder die vorgewärmte Grillpfanne heben und 5–10 Minuten backen, bis der Teigrand schön braun und knusprig ist.

KEINE PANIK!

Damit Pizzateig gut gelingt, braucht es etwas Übung. Das Rezept finden Sie auf Seite 76, und auf der davorliegenden Seite gibt es dazu viele hilfreiche Tipps. Aber wenn Sie doch der Mut verlässt, tut es auch Pizzateig aus dem Supermarkt. Und gehen Sie nicht zu hart mit sich ins Gericht. Es bleibt einfach nicht immer die Zeit, alles selbst zu machen.

Kohlen-hydrate

Pasta Comté cacio e pepe (Pasta mit Comté-Käse und Pfeffer)

Wohlfühlessen aus Italien, allerdings auf französisch. Spaghetti, Pici, Tonarelli, Linguine ... Sie können für dieses Rezept fast jede Pastaart verwenden. Aber runde Formen eignen sich hier besser als flache. Die Herausforderung besteht darin, einen harten und trockenen Käse in eine seidig-glatte Sauce zu verwandeln. Und wie das geht, zeige ich Ihnen jetzt.

Für 4 Personen

300 g Pasta Ihrer Wahl
150 g geriebener Comté-Käse, zimmerwarm, plus etwas zum Anrichten
frisch gemahlener oder grober schwarzer Pfeffer

GUT ZU WISSEN

Ich habe französischen Comté-Käse für dieses Rezept verwendet. Man findet ihn eigentlich überall. Sollten Sie trotzdem Schwierigkeiten haben, ihn zu bekommen oder gerade in Knauserlaune sein (auf Französisch sagt man über jemandem, der nicht viel Geld ausgeben möchte, dass er „Seeigel in der Tasche hat" – autsch!), können Sie natürlich jeden anderen Hartkäse verwenden (Parmesan, Grana Padano, Pecorino ...)

Nehmen Sie einen großen, tiefen Topf, in dem Sie auch Risotto zubereiten würden, und kochen Sie die Pasta darin. Nur so viel Salzwasser in den Topf geben, bis die Pasta gerade eben bedeckt ist. Verwendet man nur wenig Wasser, befindet sich mehr Stärke aus den Nudeln darin, was das Zubereiten einer geschmeidigen Sauce später leichter macht.

Wenn die Pasta bereits 5 Minuten kocht, geben Sie 230 ml des Kochwassers in eine Schüssel und füllen den Topf mit der gleichen Menge frischen, kochenden Wassers auf. Die Pasta gemäß Packungsanleitung fertig garen.

Geriebenen Käse und frisch gemahlenen schwarzen Pfeffer (4 Umdrehungen mit der Pfeffermühle) in ein großes Gefäß geben und ganz langsam etwas vom Pastakochwasser einrühren, als ob Sie Mayonnaise machen würden. Es soll dabei am Ende eine sirupartige Sauce entstehen.

Die abgetropfte Pasta untermischen und gut vermengen, bis jede Nudel mit der Sauce überzogen ist. Wenn nötig, etwas mehr Pastakochwasser zufügen.

Die Pasta auf Teller verteilen, mit etwas Käse bestreuen und etwas frisch gemahlenen Pfeffer darübergeben. Sofort servieren.

Algenbutter – Nori-Blatt mehrmals falten und mit einer Schere in sehr feine Schnipsel schneiden. In die gesalzene Butter einarbeiten und genießen.
Chilibutter – eine großzügige Prise Chilipulver, vermengt mit leicht gesalzener Butter – diese Kombination ist der Hammer.
Misobutter – ungesalzene Butter und Misopaste – egal welche Farbe) im Verhältnis 2:1 vermischen.
Knobi-Petersilienbutter – eine Knoblauchzehe reiben, 6 Blätter glatte Petersilie hacken und mit gesalzener Butter vermengen. Typisch französisch und sehr „old school", aber einfach sooo gut ...

Kartoffel-Gnocchi mit Butter

Dieses Rezept ist entstanden, weil ich nicht immer Kartoffeln zu Hause habe. Doch was ich immer zu Hause habe, sind Kartoffelflocken. Sie eignen sich hervorragend, um für meinen Sohn und seinen fantastischen Vater (mich!) Püree zu machen. Ich habe für Sie hier 4 Gewürzbutterrezepte, die den Wow-Faktor der Gnocchi noch steigern.

Für 4 Personen

125 g Weizenmehl, plus Mehl zum Ausrollen
200 g Kartoffelflocken für Kartoffelpüree
1 Ei, verquirlt
½ TL feines Meersalz
gesalzene Butter oder eine der Buttermischungen auf der gegenüberliegenden Seite, zum Anrichten

Mehl und Kartoffelflocken in einer großen Schüssel vermischen. In die Mitte eine Mulde drücken. Ei, 230 ml Wasser und Salz zugeben. Verrühren, bis ein weicher, geschmeidiger Teig entsteht. Die Arbeitsfläche leicht mit Mehl bestäuben und den Teig mit den Händen in etwa 2 cm dicke Würste rollen. Dann mit einem Messer in etwa 2 cm große Stücke schneiden. Auf Französisch sagen wir „kleine Kissen" dazu – ja, wirklich.

Die Teigstückchen ca. 2 Minuten in kochendem Wasser garen. Sie sind fertig, wenn sie an der Oberfläche schwimmen. Dann abgießen und mit gesalzener oder gewürzter Butter verfeinern. Heiß servieren. Der Geschmack ist unschlagbar. Auch kalt und ohne Butter schmecken sie immer noch ziemlich gut.

Pommes und Poutine

Ich muss Ihnen jetzt etwas gestehen: Pommes wurden nicht in Frankreich erfunden. Sie kommen eigentlich aus Belgien, und ich muss sagen, die Belgier machen sie wirklich hervorragend. Außen knusprig, innen zart und mit einer wunderbar goldgelben Farbe ähneln sie kein bisschen den schlaffen, halb rohen Stäbchen, die man in Fast Food Restaurants bekommt.

Für 4 Personen

1 kg große mehligkochende Kartoffeln, z. B. Augusta, Adretta, Likaria, Afra, Ackersegen, Bintje
Erdnussöl zum Frittieren
3 EL Butter
3 EL Weizenmehl
ca. 350 ml kräftige, dunkle Rinderbrühe
Salz
60 g weiße Cheddar-Würfel oder halbtrockener Mozzarella in Stücken

NOCH EIN GESTÄNDNIS

La Poutine ist eine kanadische Spezialität, die aus Quebec stammt. Also gibt es eigentlich nichts an diesem Rezept, was auch nur im entferntesten an Frankreich erinnert ...

Kartoffeln schälen und in 1 cm dicke Stifte schneiden. Sind sie zu dünn, übergaren sie leicht, sind sie zu dick, bleiben sie innen roh... Ich wollte es nur erwähnen.

Das Öl in einen großen Topf mit schwerem Boden oder eine Fritteuse gießen – den Topf maximal bis zur Hälfte füllen und auf 130 °C erhitzen. Hier sollten Sie auf jeden Fall ein Küchenthermometer verwenden, damit die Temperatur regelmäßig kontrolliert werden kann.

Die Kartoffeln in kleinen Portionen 7–10 Minuten frittieren, bis sie weich sind (zur Garprobe mit einem Spieß oder einem Messer einstechen), aber noch keine Farbe angenommen haben. Jede Portion gut abtropfen lassen und auf einen mit Küchenkrepp ausgelegten Teller geben, bevor die nächste Portion in den Topf darf.

In einem Topf Butter bei mittlerer Hitze erwärmen. Wenn die Butter geschmolzen ist, den Topf vom Herd nehmen und das Mehl einrühren, bis eine glatte Masse entsteht. Die Mehlmischung erneut erwärmen, bis sie karamellfarben ist. Nach und nach die Brühe einrühren und aufkochen. Dabei ständig rühren, bis die Sauce geschmeidig und dick ist. Wie viel Brühe Sie dazugeben, hängt davon ab, wie dick ihre Sauce werden soll. Fertig ist die superschnelle Sauce!

Halten Sie sie bei niedriger Hitze warm, während Sie die Pommes fertig frittieren. Erhitzen Sie das Öl beim zweiten Durchgang auf 180 °C, damit die Fritten auch wirklich knusprig werden. Jetzt alle Kartoffeln auf einmal frittieren, bis Sie mit der Farbe zufrieden sind. Ich persönlich mag sie lieber braun als goldgelb. Also würde ich sie etwa 4 Minuten garen. Doch wenn sie goldgelbe Exemplare bevorzugen, sollten Sie die Garzeit etwas reduzieren. Pommes gut abtropfen lassen und sofort großzügig mit Salz bestreuen.

Auf Portionsschüsseln aufteilen, mit Käse bestreuen und die heiße Sauce darüberlöffeln.

Persischer Juwelenreis

Eigentlich hätte das Rezept folgendermaßen heißen sollen: „Wie man endlich lernt, Basmati-Reis richtig zu kochen, ihn mit Safran schön farbenprächtig macht und verschiedene süße und herzhafte Aromen hinzufügt." Doch dann dachte ich mir, dass der Titel vielleicht etwas zu lang wäre. Er enthält auf jeden Fall alles, was man wissen muss.

Für 4 Personen

350 g vom besten Basmatireis, den Sie bekommen können
Salz
12 Safranfäden
1 große unbehandelte Orange
50 g geschälte, ungesalzene Pistazien
2 EL getrocknete Berberitzen (oder gehackte Sauerkirschen)

ICH MUSS GESTEHEN ...

Auch wenn dieses Rezept mit seinen satten Farben und seinen vielfältigen Texturen grandios ist, gibt es Abende, an denen ich meiner Portion Reis rein gar nichts hinzufügen möchte. Was mache ich dann also? Ich freue mich einfach über die sanfte Wärme, die vom Teller aufsteigt, bewundere die natürliche Schönheit jedes einzelnen Reiskorns und genieße den zarten Duft der Butter, die ich über den Reis geträufelt habe, nachdem sie langsam bei schwacher Hitze geschmolzen ist.

Den Reis in eine große Schüssel geben und mit kaltem Wasser bedecken. Mit der Hand umrühren. Sobald das Wasser trüb wird, abgießen und durch frisches ersetzen. Mindestens dreimal wiederholen. Warum? Das ist eine berechtigte Frage. Der Reis verliert durch das Spülen seine natürliche Stärke, die die Körner beim Kochen aneinanderkleben lässt. Wenn Sie Risotto machen, spülen Sie den Reis natürlich nicht. Alles klar?

Den Reis ein letztes Mal mit frischem Wasser bedecken und 20 Minuten einweichen lassen. In ein Sieb abgießen und mit kaltem Wasser abspülen. Den Reis in einen Topf kippen und 900 ml kaltes Wasser dazugießen. Anschließend leicht salzen.

Safranfäden zerstoßen und in ein kleines, hitzebeständiges Einmachglas füllen. 2 EL kochendes Wasser hinzufügen und das Glas zuschrauben.

Den Reis aufkochen. Dann die Hitze reduzieren, Deckel auf den Topf setzen und das warme, geschlossene Einmachglas daraufstellen. Das Glas bleibt während der 10–12 Minuten, die der Reis köchelt, dort stehen. Jetzt das Glas entfernen und den Reis zugedeckt 5 Minuten lang ruhen lassen. Dann die Reiskörner behutsam mit einer Gabel auflockern.

Die Hälfte des gekochten Reises in eine Schüssel geben und das Safranwasser darübergießen. Vorsichtig mit einer Gabel umrühren, bis der Reis das Safranwasser aufgenommen hat. Mit einem Gemüseschäler breite Stücke von der Orangenschale abhobeln und diese dann in sehr feine Streifen schneiden. Pistazien hacken.

Den weißen und den gelben Reis in eine flache Schale füllen und die Hälfte der Orangenschalen, der Pistazien und der Berberitzen hinzufügen. Alles behutsam vermengen, ohne die Reiskörner dabei zu zerdrücken. Die restlichen Orangenschalen, Pistazien und Berberitzen darüberstreuen.

Gratin dauphinois

Ein Gericht aus meiner Kindheit, das viele schöne Erinnerungen weckt und mich an die Geborgenheit in meinem Elternhaus erinnert. Meine Mutter hat das Gratin immer in einer großen, ovalen Auflaufform gemacht. Seit jeher mache ich meins auch in einer großen ovalen Auflaufform – in einer roten. Ich kann wirklich nicht nachvollziehen, wie es Leute geben kann, die ihr Gratin unbedingt in einer rechteckigen Form machen möchten. Und dann auch noch in einer blauen!

Für 6–8 Personen

ca. 10 mittelgroße festkochende Kartoffeln (keine mehligkochenden), etwa 1,5 kg, geschält
Salz
frisch gemahlener Pfeffer
450 ml Vollmilch
450 ml Crème double
1 Lorbeerblatt
1 Prise frisch gemahlene Muskatnuss
40 g geriebener Käse, z. B. Parmesan, Cheddar, Comté (streng genommen kann der Käse weggelassen werden. Aber kann er das wirklich?)

Die Kartoffeln in 5 mm dicke Scheiben schneiden. Nicht waschen, die Stärke in den Kartoffeln macht die Sauce sämig. Die Scheiben mit Salz und Pfeffer würzen.

Kartoffeln in einen Topf geben, Milch, Crème double und Lorbeerblatt hinzufügen. Bei schwacher Hitze ca. 10 Minuten köcheln lassen. Die Kartoffeln mit einem Schaumlöffel herausheben, in eine Schüssel geben und beiseitestellen. Die Milchmischung mit Muskatnuss und mit Salz und Pfeffer würzen. Das Lorbeerblatt entfernen.

In der Zwischenzeit den Ofen auf 180 °C Ober- und Unterhitze (160 °C Umluft) vorheizen.

Die Kartoffelscheiben und die Milchmischung abwechselnd in eine geölte, ofenfeste Form schichten und die einzelnen Schichten leicht würzen.

Im Ofen 40–45 Minuten backen, bis die Kartoffeln weich sind. Garprobe mit einem Spieß oder Messer machen. Die Form aus dem Ofen nehmen und den Grill einschalten. Geriebenen Käse über die Kartoffeln streuen und überbacken, bis die oberste Schicht schön goldbraun und knusprig ist.

VEGANE ALTERNATIVE

Wenn Sie die Crème double durch Kokosmilch und die Vollmilch durch Mandelmilch, vermischt mit 1 TL Maisstärke, ersetzen, aber bei der Zubereitung im Großen und Ganzen dem Rezept folgen, dann erhalten Sie eine gute milchfreie Alternative, die nicht nur Veganer zufriedenstellt, sondern auch leichter ist. Es gibt viele vegane Käsesorten, die man für die knusprige Außenschicht verwenden kann.

Wenn Sie das Gratin schon am Vortag machen und es kurz vor dem Servieren aufwärmen, schmeckt es noch besser. Das liegt an einer komplexen Reaktion zwischen den Kartoffeln und der Milchmischung, durch die sich die Konsistenz des Gratins verändert.

Es wird fester, und die Schichten bekommen eine gleichmäßigere Struktur.

Käse-Makkaroni-Gratin

Ein amerikanischer Klassiker, der bei mir natürlich einen französischen Touch hat. Normalerweise muss ein Mac'n'Cheese durch und durch köstlich-cremig sein, doch diese Variante ist oben schön knusprig. Seufz. OK, es stimmt, ich verstoße hier gegen alle Regeln, doch da ich das in diesem Buch nicht das erste Mal mache, hält sich mein schlechtes Gewissen in Grenzen.

Für 6 Personen

400 g Hörnchennudeln
Salz
3 EL gesalzene Butter
3 EL Mehl
450 ml kalte Vollmilch
1 Eigelb
400 g geriebener Käse, z. B. Cheddar, Emmentaler, Fontina, Colby
frisch gemahlener Pfeffer
1 Prise frisch geriebene Muskatnuss (ok, jetzt hab ich's wirklich vergeigt)
Pilze nach Belieben (na, zum Glück)
1 Prise Thymian (nicht im Ernst?)

Die Hörnchen in einem Topf mit kochendem Salzwasser mindestens 2 Minuten kürzer kochen, als auf der Packung angegeben. Abtropfen lassen und beiseitestellen.

Butter und Mehl in den Topf geben. Einige Minuten bei mittlerer Hitze umrühren, bis eine glatte Paste entsteht, die aber noch keine Farbe angenommen hat.

Unter ständigem Rühren nach und nach die Milch zugießen, bis die Sauce zu kochen beginnt und dick und cremig wird. Den Topf vom Herd nehmen. Das Eigelb mit einem kleinen Teil der Sauce vermengen und ihn wieder unter den Rest der Sauce rühren. Drei Viertel des geriebenen Käses unterrühren und die Sauce mit Salz, Pfeffer und Muskatnuss abschmecken.

Und nun klopfen Sie sich selbst auf die Schulter. Sie haben gerade einen superschicken Klassiker der französischen Küche gekocht, eine Mornay Sauce – was sagen Sie jetzt?

Den Ofen auf 200 °C Ober- und Unterhitze (180 °C Umluft) vorheizen. Wenn Sie Pilze verwenden, diese jetzt in kleine Stücke schneiden.

Die nicht ganz fertig gegarten Hörnchen, die Sauce, Thymian und Pilze vermischen und in eine große Auflaufform geben. Den restlichen geriebenen Käse darüberstreuen und im Ofen 20 Minuten backen, bis die oberste Schicht knusprig und das Innere schön cremig ist.

Gebratener Reis – jede Woche anders

Dieses Rezept bzw. eine Variation davon koche ich mindestens einmal pro Woche. Ich variiere das Gericht je nach Kühlschrankinhalt, aber das Prozedere ist im Großen und Ganzen immer dasselbe. Und so wird es gemacht …

Für 2 Personen

Für eine schnelle Sauce
1 TL Sojasauce
ein paar Tropfen Shaoxing-Wein (chinesischer Reiswein)
ein paar Tropfen Sesamöl

Für den gebratenen Reis
2 EL geschmacksneutrales Öl
1 Ei, verquirlt
2 Scheiben Bacon, in Stücke geschnitten
75 g rohe Garnelen, gehackt
2 cm frischer Ingwer, geschält und gerieben
1 Knoblauchzehe, fein zerdrückt
130 g gekochter Langkornreis
3 EL Erbsen oder gehackte Zucchini oder Sellerie (oder jedes andere gekochte grüne Gemüse, bei Bedarf gehackt oder in Streifen geschnitten)

Zum Anrichten
1 Frühlingszwiebel, fein gehackt
1 Prise Chiliflocken

Für die Sauce alle Zutaten mit 1 TL Wasser vermischen.

Für den gebratenen Reis 1 EL Öl bei starker Hitze in einer großen Pfanne oder im Wok erhitzen. Bevor die Pfanne zu heiß wird, das Ei hineingießen und verrühren, bis es gerade eben stockt. Das Ei auf einen Teller geben und beiseitestellen. Das restliche Öl in die Pfanne gießen und Bacon und Garnelen unter Rühren anbraten. Bevor der Bacon braun wird, Ingwer, Knoblauch und danach den gekochten Reis hinzufügen und unter Rühren 2 Minuten anbraten.

Die Erbsen (oder das Gemüse, das Sie verwenden möchten), das Rührei und die Sauce untermengen und 1 Minute anbraten, bis alles heiß und dampfend ist. Auf zwei Teller oder Portionsschüsseln aufteilen, mit den gehackten Frühlingszwiebeln und einem Hauch Chiliflocken bestreuen und sofort servieren.

Apropos Reis …

Reis vom Vorabend ist immer etwas trocken, was normalerweise nervt, hier aber von Vorteil ist. Ich sage Ihnen, warum. Beim Karamellisieren ist Wasser unser Feind. Ist der Reis etwas trockener, kann er schneller karamellisieren und knuspriger werden als frisch gekochter, der noch jede Menge Wasser enthält. Dieses Rezept eignet sich hervorragend für Reis vom Vortag. Doch um einer potenziellen Lebensmittelvergiftung zu entgehen, stellen Sie den Reis in den Kühlschrank, sobald er abgekühlt ist. Lässt man ihn bei Zimmertemperatur stehen, können eventuell darin enthaltene Bakterien wachsen und sich vermehren. Den Reis am darauffolgenden Tag verbrauchen und sehr heiß und dampfend servieren.

#HACK

6 französische Käsesorten und 21 Alternativen aus der ganzen Welt

Zu besonderen Anlässen gemeinsam mit Freunden oder der Familie eine Käseplatte zu genießen, ist etwas Wunderbares. Ich stelle Ihnen hier sechs sehr unterschiedliche und gleichermaßen legendäre französische Käsesorten vor ... DOCH HALT! Da ich weiß, dass es für die meisten von Ihnen nicht leicht sein wird, gerade diese zu bekommen, habe ich auch einige alternative Käsesorten aus der ganzen Welt angeführt.

Comté

Geschmacksintensität: 2 von 5
Geruchsbelästigung: 1 von 5

Geschmeidig und glatt, halbhart und manchmal körnig. Ein gepresster und gekochter Käse aus Kuhmilch aus dem Juramassiv im Osten Frankreichs. Comté reift mindestens 4 Monate, doch meistens um die 8 Monate (je dicker die Rinde, desto länger ist der Käse gereift). Er zeichnet sich durch milde, milchige, Karamell- und Röstaromen sowie feinwürzige Muskatnoten aus.

Internationale Alternativen Schweizer Gruyère; junger britischer Cheddar; Pleasant Ridge Reserve aus Wisconsin; Tarentaise aus Vermont

Roquefort (das „t" wird nicht ausgesprochen)

Geschmacksintensität: 5 von 5
Geruchsbelästigung: 4 von 5

Scharfer und buttriger Geschmack. Ein nicht gepresster und nicht gekochter krümeliger Käse aus roher Schafsmilch aus dem Südwesten Frankreichs, genau genommen aus der Region Aveyron. Roquefort ist ein Blauschimmelkäse und die blauen Pilzvenen, die ihn durchziehen, sind für den markanten Geruch verantwortlich.

Internationale Alternativen Italienischer Gorgonzola; britischer Blue Stilton; dänischer Blue; oder sogar Maytag Blue aus Iowa

MYTHEN UND FAKTEN – stinkt Käse wirklich?

Wenn wir an einem Käse riechen, kämpfen die meisten von uns mit den Eindrücken, die uns unsere Nase übermittelt und unseren Geist sofort in Abwehrhaltung bringt. Das macht eine positive Erfahrung unmöglich! In Wahrheit stinkt Käse nicht wirklich, er riecht nur intensiv. Also ist die Antwort auf meine Frage Nein. (Mit einer Ausnahme: dem Epoisses. Dann ist die die Antwort JA, Käse stinkt! Leuchtet Ihnen das ein?)

Ossau-Iraty

Geschmacks-intensität: 2 von 5
Geruchs-belästigung: 2 von 5

Halbhart, glatt und mild. Ein gepresster und roher Käse aus Schafsmilch. Aus der Pyrenäen-Region im Südwesten Frankreichs. Beim Auspacken werden Sie sofort das Schaf in ihm entlarven, aber ansonsten riecht er frisch und nussig.

Internationale Alternativen Spanischer Manchego; junger italienischer Pecorino; amerikanischer Gran Queso aus Wisconsin

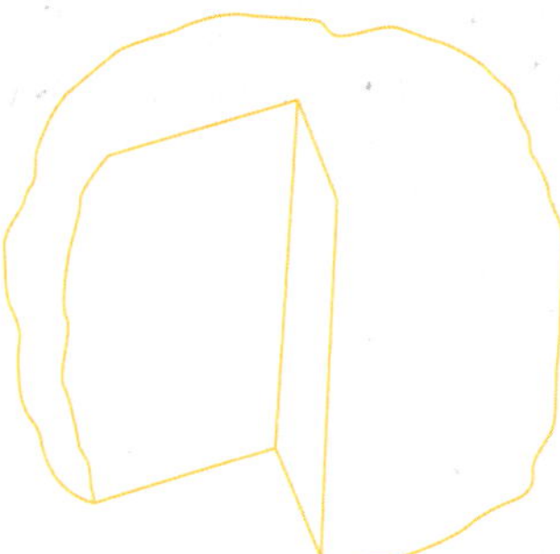

Crottin

Geschmacksintensität: 3 von 5
Geruchsbelästigung: 3 von 5

Kleiner weicher Käse aus Ziegenmilch. Die Rinde ist recht dünn, aber mit einem filigranen Faltenmuster bedeckt, was sehr schön aussieht und an ein Labyrinth erinnert. Im Inneren ist er weiß und hat normalerweise eine cremige, fast kreidige Konsistenz.

Internationale Alternativen Italienischer Robiola di Capra; Bonne Bouche aus Vermont; kalifornischer Humboldt Fog

Epoisses

Geschmacksintensität: 2 von 5
Geruchsbelästigung: 5 von 5

Rötlich mit einer weichen, cremigen Konsistenz. Ein Kuhmilch-Käse, dessen Rinde mit Brandy gewaschen wird. Hergestellt im Burgund im Herzen Frankreichs. Der Geschmack ist das krasse Gegenteil zu seinem Geruch, denn im Inneren ist er schön samtig und cremig.

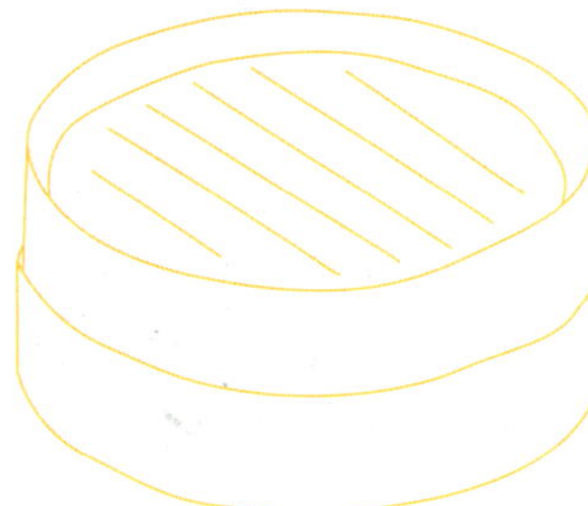

Internationale Alternativen Irischer Ardrahan; deutscher Limburger; britischer Stinking Bishop; italienischer Taleggio

Brie

Geschmacksintensität: 2 von 5
Geruchsbelästigung: 2 von 5

Ein glatter, weicher Käse aus Kuhmilch mit einer lockeren, marmorierten Rinde.

Innen kann er, je nach Reifegrad, krümelig bis cremig sein. Er riecht nach frischen Pilzen, aber eher nach gezüchteten als solchen aus dem Wald.

Internationale Alternativen Da Brie auf der ganzen Welt produziert wird, sollte es kein Problem sein, ihn zu bekommen. Aber hier nur ein paar: King Island Dairy Briem aus Australien; Cornish Brie aus Großbritannien; jeder Brie aus den USA.

LITHIUM 14.4V

Pfann-
kuchen

Französische Crêpes: Sie schaffen das

In Frankreich sind Crêpes viel größer und dünner als in Großbritannien oder den USA, aber lassen Sie sich davon nicht einschüchtern. Das Geheimnis liegt im Teig, der in Frankreich viel flüssiger und dünner ist, da die doppelte Milchmenge verwendet wird. Dadurch verteilt sich der Teig schneller bis an den Rand der Pfanne. Sind Sie jetzt beruhigt?

Ergibt 12–18 Crêpes

ca. 450 ml Vollmilch
3 Eier (Größe M)
130 g Weizenmehl
etwas Zucker
1 Prise Salz
3 EL Butter

In einer großen Schüssel 350 ml Milch und die Eier mit dem Schneebesen verrühren. Unter ständigem Rühren nach und nach das Mehl dazumischen, damit der Teig langsam dicker wird, aber ohne Klumpen zu bilden. Der Teig wird auf diese Weise wirkich toll, doch die Zubereitung dauert wahnsinnig lange. Wenn Sie einen Standmixer oder eine Küchenmaschine haben, werfen Sie einfach alles rein, einmal durchmixen und fertig. Die Konsistenz sollte der von Buttermilch ähneln. Wenn der Teig zu dick sein sollte, geben Sie nach und nach etwas mehr Milch dazu.

Zum Schluss den Zucker und das Salz in den flüssigen Teig rühren.

Füllen Sie eine große ofenfeste Schüssel (größer als die Pfanne) mit kaltem Wasser. Die Butter in Ihrer größten Pfanne bei mittlerer bis starker Hitze schmelzen lassen. Sie schmilzt, bekommt eine moussige Konsistenz und beginnt immer lauter zu „singen". Wenn sich die Butter wieder beruhigt hat – und vor allem bevor sie einen braunen Farbton annimmt –, die Pfanne vom Herd nehmen und den Boden in die Schüssel mit kaltem Wasser tauchen, damit die Butter so bleibt. Unter ständigem Rühren vorsichtig in den Teig gießen.

Die Pfanne mit Küchenkrepp säubern und wieder auf den Herd stellen. Die Crêpes-Zubereitung selbst ist nicht schwierig, sie verlangt nur einen organisierten Arbeitsplatz. Also, die Schüssel mit dem Teig und einem Schöpflöffel steht neben dem Herd. Die Pfanne steht vor Ihnen. Sie haben ein Blatt ölgetränktes Küchenkrepp in Reichweite, und ein großer Teller mit einem Deckel zum Abdecken steht auf der anderen Seite.

Die Pfanne mit der rechten Hand hochheben (ich bin Rechtshänder) und einen Schöpflöffel voll Teig hineingießen. Während des Hineingießens die Pfanne in alle Richtungen schwenken und kippen. Der Boden der Pfanne muss vollständig mit Teig bedeckt sein.

Wenn die Crêpe fast nicht mehr dampft – was ungefähr 1–2 Minuten dauert – mit einem Pfannenwender aus der Pfanne lösen und umdrehen. Fertig garen, bis die Crêpe auf beiden Seiten gleichmäßig goldbraun ist. Crêpe aus der Pfanne auf den Teller gleiten lassen und zudecken, während Sie den restlichen Teig verarbeiten. Die Pfanne nach jeder Crêpe mit dem öligen Küchenkrepp auswischen.

SÜSS ODER HERZHAFT?

In Frankreich und Großbritannien werden Crêpes traditionellerweise süß mit Butter und Zucker oder Zucker und Zitrone gegessen. Doch wenn Sie einmal eine Crêpe mit Schinken, Käse und Frühlingszwiebeln probiert haben, werden Sie zugeben, dass diese Tradition völlig überholt ist.

Ziegenkäse,
Babyspinat und
Walnüsse
Aubergine, gegrillte Tomaten
und geröstete Pinienkerne

Banane, Pekannüsse
und Ahornsirup
Rote Beeren, Mandeln
und Crème double

4 süße Crêpe-Füllungen

Obwohl ich Crêpes am liebsten mit Zucker und Butter mag, kann man diese kleine Leckerei mit ein paar Füllungen und ohne die Crêpe noch einmal zu erwärmen in ein fantastisches Dessert verwandeln. Das funktioniert wirklich hervorragend.

Banane, Pekannüsse und Ahornsirup

1 Banane, 5 Pekannuss-Hälften, 1 EL Ahornsirup, fein abgeriebene Schale von ½ unbehandelten Limette

Die Banane in Scheiben schneiden. Die Pekannüsse in kleine Stücke brechen. Auf der Crêpe verteilen, mit Ahornsirup beträufeln und die Limettenschale darüberstreuen. Die Schale ist der perfekte Kontrast zur Süße des Gerichts.

Joghurt, Honig und Pistazien

3 EL griechischer Joghurt, 1 EL flüssiger (klarer) Honig, 5–10 geröstete und gesalzene Pistazien, klein gehackt

Joghurt, Honig und die Hälfte der Pistazien behutsam verrühren und auf der Crêpe verteilen. Die restlichen Pistazien über die gefüllte und gefaltete Crêpe streuen.

Rote Beeren, Mandeln und Crème double

5–10 rote Beeren (Erdbeeren, Himbeeren, schwarze und/oder rote Johannisbeeren), 2 EL Crème double, ein paar gehobelte Mandeln, evtl. Basilikumblättchen

Rote Beeren grob zerdrücken, ohne daraus Mus zu machen. Vorsichtig unter die Crème double heben. Die gehobelten Mandeln rösten, um ihren Geschmack zu verstärken. Masse mit dem Löffel auf einer Crêpe verteilen.

Wenn Sie Basilikum zur Hand haben, streuen Sie vor dem Servieren ein paar kleine Blätter darüber, damit Sie als Profikoch durchgehen.

Haselnüsse und Schokolade

5–10 Haselnüsse, 1 El dunkle (zartbittere) Schokolade, 1 EL gesüßte Kondensmilch

Die Haselnüsse klein hacken. Die Schokolade in der Mikrowelle erwärmen und mit der Kondensmilch vermischen. Masse mit dem Löffel auf einer Crêpe verteilen und Haselnüsse darüberstreuen.

Foto auf Seiten 102-103.

Buchweizen-Crêpes: Auch das schaffen Sie!

Ich habe mir gedacht, wenn ich dem Rezept anstelle des französischen Namens (Galette) einen ganz einfachen Titel gebe, würden Sie vielleicht weniger in Panik geraten, und die Chance, dass Sie sich an das Gericht wagen, dessen Geschmack meine Einstellung komplett verändert hat, wäre größer. Während Weizen leicht, süß und buttrig schmeckt, ist der Geschmack von Buchweizen geheimnisvoll, mollig und nussig. Darüber hinaus kann man einen langen Nachgeschmack genießen.

Ergibt ungefähr 8 Crêpes

130 g Buchweizenmehl
350 ml Wasser (plus 60 ml wenn Sie das Bier weglassen)
60 ml dunkles Bier (wenn Sie alkoholfreies Bier verwenden, brauchen Sie etwas mehr Wasser)
1 Ei (Größe M)
1 große Prise Salz
Öl für die Pfanne
etwas Butter

EINFACH UNSCHLAGBAR

Am liebsten esse ich Crêpes ganz natur und ohne Füllung. Rien. Nada. Nur der Buchweizen, die Maillard-Reaktion (der Bräunungsvorgang), die Butter und ich. So sieht mein Dream-Team aus (und so kann man auch ganz einfach feststellen, ob die Crêpe gelungen ist).

Alle Zutaten (bis auf Öl und Butter) in einer großen Schüssel vermischen, bis ein glatter, seidiger Teig entsteht. Wenn Sie möchten, können Sie den Teig über Nacht im Kühlschrank ruhen lassen. Dadurch wird der Geschmack intensiver.

Eine große, flache Pfanne bei großer Hitze heiß werden lassen. Ein Stück Küchenkrepp mit Öl tränken und die Pfanne damit einfetten.

Pfanne mit einer Hand hochheben und mit der anderen einen Schöpflöffel Teig hineingießen. Wenn der Teig die Pfanne berührt, sollte ein kräftiges Zischen zu hören sein. Die Pfanne hin- und herschwenken, bis der Boden mit einer dünnen, gleichmäßigen Teigschicht bedeckt ist. Zu Beginn ist es wahrscheinlich nicht so leicht, die Crêpe rund und gleichmäßig werden zu lassen, doch nach einiger Zeit haben Sie den Dreh raus.

Nimmt die Crêpe unten Farbe an und hört sie auf zu dampfen, kann sie mit einem Pfannenwender umgedreht werden. Die bereits gebräunte Seite mit Butter einfetten und die andere Seite garen, bis die Crêpe fertig ist.

Hier kommt es vor allem auf die Konsistenz an. Die Crêpe sollte schön braun und matt aussehen, unzählige kleine Löcher aufweisen sowie außen knusprig und in der Mitte zartschmelzend sein.

4 herzhafte Füllungen für Buchweizen-Crêpes

Es gibt unzählige Zutaten, mit denen man eine Buchweizen-Crêpe füllen kann. Doch drei pro Crêpe reichen für ein ausgewogenes Gericht: Ein Star mit herausragender Persönlichkeit, ein Nebendarsteller als verlässliche Unterstützung und schließlich ein Gegenspieler für die Würze. Crêpe 1 Minute in einer Pfanne erwärmen und mit einer der folgenden Kombinationen füllen.

In Whiskey flambierte Jakobsmuscheln mit Crème double und Lauch

2 Jakobsmuscheln, Öl zum Braten, 1 Schuss Whiskey, 1 EL Crème double, ½ kleine Stange Lauch.

Die Jakobsmuscheln wie ein Brötchen halbieren (wenn sie dünner sind, passen sie leichter in die Crêpe), leicht mit Öl bepinseln und gut würzen. In einer Pfanne bei starker Hitze scharf anbraten.

Die Pfanne vom Herd nehmen, den Whiskey hineingießen und anzünden. Passen Sie auf eventuell hochschießende Flammen auf! (Tipp: Beugen Sie sich nicht über die Pfanne, um nachzusehen, ob das Feuer schon aus ist…). Die Crème double hinzufügen, beiseitestellen.

Den Lauch in feine Scheiben schneiden und in einer Pfanne in etwas Öl anbraten, bis er schön braun ist. Die Füllung auf einer warmen Crêpe verteilen, Crêpe falten und servieren.

Wurst, Kartoffeln und körniger Senf

1–2 Kartoffeln, Öl zum Braten, 1 Wurst, 1 EL körniger Senf

Die Kartoffeln in 2–3 mm dicke Scheiben schneiden, würzen und mit etwas Öl in einer Pfanne rundum garen, bis sie schön braun sind. Aus der Pfanne nehmen und warm stellen, während Sie die Wurst braten.

Wurst in die Pfanne geben und braten, bis sie gebräunt und vollständig gegart ist. Pfanne vom Herd nehmen und die Wurst in Scheiben schneiden. Den Saft aus der Pfanne mit dem Senf verrühren. Die Füllung auf einer warmen Crêpe verteilen, Crêpe falten und servieren.

Ziegenkäse, Babyspinat und Walnüsse

40 g fester Ziegenkäse, 2 Handvoll Babyspinat, 5 Walnusskerne

Diese Füllung geht am schnellsten. Den Ziegenkäse in 5 mm dicke Scheiben schneiden. Die Spinatblätter waschen und trocken tupfen. Die Walnusskerne in kleine Stücke brechen. Die Füllung auf einer warmen Crêpe verteilen, Crêpe falten und servieren.

Aubergine, gegrillte Tomaten und geröstete Pinienkerne

½ Aubergine, Meersalz, Öl zum Braten, 2–3 eingelegte gegrillte Tomaten, 2 TL Pinienkerne

Die Aubergine in dicke Scheiben schneiden, salzen und bei schwacher Hitze in etwas Olivenöl anbraten. Nach 20–30 Minuten sind die Scheiben innen weich und außen karamellisiert.

Die gegrillten Tomaten gut abtropfen lassen und in kleine Stücke schneiden. Nach Belieben: Sie können die Pinienkerne in einer trockenen Pfanne anrösten, damit sie etwas Farbe annehmen. Die Füllung auf einer warmen Crêpe verteilen, Crêpe falten und servieren.

Foto auf Seite 102-103.

Meine Must-have-Buttermilch-Pancakes

Es gibt Tage im Leben, an denen man kühn, abenteuerlustig und sogar ein bisschen verrückt sein muss. Und dann gibt es diese Tage, an denen ein warmes Frühstück im Bett und Verwöhngerichte, die nichts beweisen müssen, genau das Richtige sind. Und genau dazu zählen meine Must-have-Pancakes. Ein Rezept, von dem Sie bereits vorher wissen, dass Sie es lieben werden und dass es Ihnen ein gutes Gefühl geben wird. Mannomann.

Ergibt 16–20 Pancakes

250 g Weizenmehl
2 TL Backpulver
1 TL Salz
2 EL Zucker
2 Eier (Größe M)
350 ml Buttermilch
4 EL abgekühlte, aber noch flüssige Butter, plus etwas Butter zum Einfetten

Serviervorschlag
Ahornsirup
knusprig gebratener Speck oder frische Beeren

Mehl, Backpulver und Salz in eine Rührschüssel sieben und den Zucker einrühren.

In einer zweiten Schüssel oder einem großen Krug Eier und Buttermilch mit einem Schneebesen verrühren und dann sehr langsam die zerlassene Butter untermengen. Zu den trockenen Zutaten gießen und behutsam umrühren, bis alles gerade eben vermengt ist. Den Teig nicht schlagen, damit er glatt wird – er soll sogar etwas klumpig sein.

Eine große, schwere, beschichtete Pfanne erhitzen und leicht mit etwas zerlassener Butter (oder Öl) einfetten. Pro Pancake 2–3 EL Teig in die Pfanne setzen (Sie können 3 oder 4 Pancakes gleichzeitig machen) und 2 Minuten garen, bis die Pancakes auf der Unterseite goldbraun sind und sich oben Blasen bilden. Die Pancakes umdrehen und für weitere 2 Minuten garen, bis sie auch auf der zweiten Seite schön braun sind.

Fertige Pancakes aus der Pfanne nehmen und in einem sauberen Küchentuch warm halten, während Sie den restlichen Teig verarbeiten.

Pancakes mit Ahornsirup beträufeln und knusprig gebratenen Speck oder frische Beeren darauf verteilen. Warm servieren.

TIPP

Rühren Sie den Teig wirklich nur behutsam, da er auf keinen Fall zu stark vermischt werden darf. Wenn Sie den Teig schlagen, bis er glatt ist, werden zu viele Gluten im Mehl freigesetzt und die Pancakes werden hart und zäh. Igittigitt!

Buttermilch-Pancakes aus verschiedenen Getreidearten

Warum in aller Welt sollte man Pancakes nur aus Weizenmehl machen, wenn es so viele verschiedene Getreidearten gibt? Ich stelle Ihnen hier vier Varianten vor. Merken Sie sich: Schaut man über den Tellerrand, steht einem die ganze Welt offen!

Kichererbsen-Pancakes
Ergibt ca. 12 Pancakes

400 g Kichererbsen aus der Dose abgießen und gut abspülen. Die Kichererbsen in einen Mixer geben, 1 Ei hinzufügen und kurz pürieren. 120 ml Buttermilch, 1 TL Backpulver, 1 Spritzer Öl, 1 EL Zucker und ½ TL Salz dazugeben und pürieren, bis ein glatter Teig entsteht. Mit Küchenkrepp etwas Öl in einer Pfanne verreiben und bei mittlerer Hitze erwärmen. Die Pancakes auf dieselbe Weise garen wie meine Must-have-Buttermilch-Pancakes (Seite 107) – sie brauchen nur etwas länger. Ansonsten sind sie perfekt!

Roggen-Pancakes
Ergibt ca. 16 Pancakes

60 g Roggenmehl mit 60 g Weizenmehl, 1 TL Backpulver, ½ TL Salz und 2 EL Zucker vermischen. 350 ml Buttermilch in einen Messbecher füllen und die Hälfte mit einem Schneebesen unter die trockenen Zutaten rühren. 1 Ei unter die restliche Buttermilch schlagen und mit dem Schneebesen in die Mehlmischung rühren, bis alles gerade eben vermengt ist (Klumpen sind erlaubt). Eine Pfanne mit etwas Öl einfetten und die Pancakes wie zuvor beschrieben bei mittlerer Hitze garen.

Polenta-Pancakes
Ergibt ca. 12 Pancakes

80 g Weizenmehl, 50 g Instant Polenta, 1 EL Zucker, 1 TL Backpulver und ½ TL Salz vermischen. Mit dem Schneebesen 1 Ei, 150 ml Buttermilch und 4 EL geschmacksneutrales Öl verrühren und dann behutsam mit den trockenen Zutaten vermischen. Eine Pfanne mit etwas Öl einfetten und die Pancakes wie zuvor beschrieben bei mittlerer Hitze garen.

Buchweizen-Pancakes
Ergibt ca. 14 Pancakes

140 g Buchweizenmehl, 2 EL Zucker, 2 TL Backpulver und ½ TL Salz vermischen. In einer zweiten Schüssel oder einem Krug mit dem Schneebesen 2 EL zerlassene Butter, 300 ml Buttermilch und 1 Ei verrühren. Die Milchmischung zu den trockenen Zutaten gießen und rühren, bis alles gerade eben vermengt ist – auch dieses Mal soll die Mischung klumpig sein. Eine Pfanne mit etwas Öl einfetten und die Pancakes wie zuvor beschrieben bei mittlerer Hitze garen.

#HACK

Wie Sie Ihren Freunden weismachen, dass Sie ein französischer Profikoch sind

Bis jetzt habe ich versucht, das versnobte und elitäre Image der gehobenen französischen Küche zu widerlegen. Jetzt mache ich das genaue Gegenteil. Mein Ziel ist, Ihre Freunde glauben zu lassen, Sie seien ein Pariser Sternekoch, aber wesentlich günstiger. Ich muss zugeben, es geht hier auch um das sadistische Vergnügen, größte Überraschung zu mimen, wenn die anderen den „absolut gebräuchlichen" französischen Begriff, den Sie gerade verwendet haben, nicht kennen.

Au Bain-Marie

[sprich: oh-böhn-mah-ri]
Heißt so viel wie – im Wasserbad zubereiten. Aber so klingt es natürlich viel vornehmer. Sagen Sie zum Beispiel:

„Natürlich kann man Sabayon (noch so ein Wort!) nicht direkt auf dem Herd machen, sie muss *au Bain-Marie* zubereitet werden. Donnerwetter!"

Beurre maître d'hôtel

[sprich: böhr-meh-tre-doh-tell]
Wenn Sie Butter, zerdrückten Knoblauch und gehackte Petersilie vermischen, entsteht eine Köstlichkeit, die verführerisch auf Steaks, Hähnchenbrust oder sogar Fisch schmilzt. Im Gespräch können Sie das folgendermaßen einfließen lassen:

„Gestern habe ich für sie mein berühmtes *Entrecote maître d'hôtel* zubereitet" [„mit Butter" fällt hier einfach weg]. „Was hat sie gesagt?" „Ich schwöre, sie hat fast geweint vor Freude!"

Bisque

[sprich: bi-ss-kh]
Jede Suppe mit Schalentieren oder Fisch ist eine *Bisque*, wenn sie mit einer Mehl-Butter-Mischung (übrigens heißt das *beurre manié*) eingedickt worden ist. Wahrscheinlich eines Ihrer protzigsten Geschosse aus Ihrem Französisch-Repertoire.

„Ich finde, sie hätte keine Suppe machen sollen, für eine *Bisque* hat es jedenfalls nicht gereicht…"

Bouquet garni

[sprich: bu-keh-gahr-ni]
Binden Sie Petersilien- und Thymianzweige, eine Stange Sellerie und ein Lorbeerblatt mit einem Küchenfaden zusammen. Dieses Sträußchen wird wie ein Teebeutel verwendet, um Suppen, Brühen und Saucen zu aromatisieren. Sagen Sie:

„Als er/sie langsam seine/ihre Arme um mich legte, kam ich mir wie ein *Bouquet garni* vor."

Consommé

[sprich: konh-so-meh]
Das ist einfach eine klare Brühe, aber sogar ich finde, dass es schick klingt. Ich liebe dieses Wort und freue mich schon darauf, es auf der nächsten Party vor meinen Freunden ins Gespräch einzubauen – haha.

Jus

[sprich: schüüh]
Um anzugeben, würde ich dieses Wort auch verwenden. Eine *Jus* ist eine gut eingekochte Brühe oder Sauce voller Geschmack und Aromen.

„Das Essen war köstlich, aber bei der *Jus* hätte er sich wirklich mehr Mühe geben können!!!"

Übrigens: auch Kaffee wird interessanterweise zum Teil als *Jus* bezeichnet.

Fleisch & Fisch

#HACK

Lehrbuch kontra Straßenküche – Wie hackt man eine Zwiebel?

Eins der ersten Dinge, die ich in der Küche gelernt habe, bestand darin, eine Zwiebel richtig zu hacken. Da die Zwiebel ein preiswertes und aromatisches Gemüse ist und praktisch in jedem Rezept auf der Welt vorkommt, würde ich Ihnen raten, das auch zu tun.

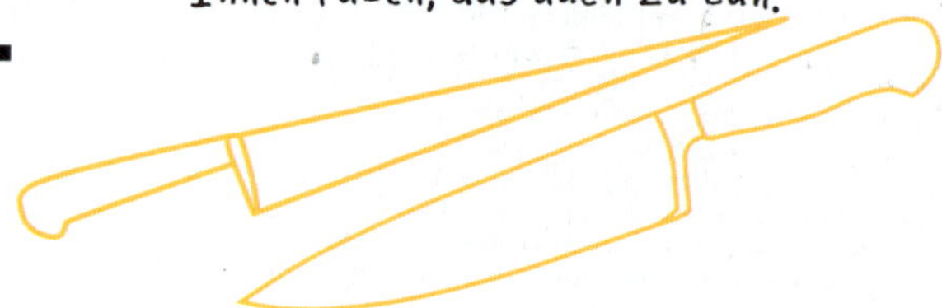

Die klassische Art, eine Zwiebel zu hacken, habe ich mithilfe eines ernsthaften, französischen Lehrbuchs streng nach Vorschrift gelernt, und ich muss sagen, es funktioniert bestens.

Doch dann entdeckte ich auf YouTube eine zweite Methode, wie sie von Straßenköchen in Indien praktiziert wird. Das war für mich wie ein Schlag ins Gesicht. Diese Methode ist sicherlich nicht so präzise, aber weitaus schneller (bis Sie den Dreh raushaben, gehen Sie es lieber langsam an und passen Sie auf Ihre Finger auf).

Herrlich, wenn die Alltagsküche der Spitzenküche ein Schnippchen schlägt. Das freut mich riesig. Ich stelle Ihnen beide Techniken vor und Sie entscheiden selbst, welche Ihnen mehr liegt.

Die klassische Methode

Sie gelingt am besten mit einem Koch- oder Gemüsemesser.

Die Zwiebel halbieren, schälen und eine Hälfte mit der Schnittfläche nach unten auf ein Brett legen. Die Wurzel zeigt von Ihnen weg.

Die Zwiebel längs in Streifen schneiden. Das bestimmt die Dicke Ihrer Würfelstücke.

Nun die Zwiebel zweimal horizontal bis kurz vor der Wurzel einschneiden (klingt albern, doch da es im Lehrbuch erwähnt wurde, habe ich es hier auch so angeführt).

Die Zwiebelhälfte nun um 90 Grad drehen, die Wurzel befindet sich dann auf der linken Seite (ich bin Rechtshänder).

Nun die Zwiebel mit gebeugten Fingern (wie mit einer Klaue) hacken, so dass sich Finger und Messer nicht in die Quere kommen.

Wenn die Zwiebelhälfte instabil wird (zu hoch und unten schmal), einfach auf die Seite drehen und weiterhacken, bis nur noch die Wurzel übrig ist. Mit der zweiten Zwiebelhälfte wiederholen.

Die Straßenkoch-Methode

Dafür eignet sich am besten ein sehr scharfes Messer mit einer langen, geraden Klinge.

An der Zwiebelspitze ein großes und an der Wurzel ein kleineres Stück abschneiden. Die Zwiebel schälen und auf der Wurzel auf die Arbeitsfläche stellen.

Mit dem Messer die Zwiebel 4–5 Mal von oben nach unten bis kurz vor der Wurzel einschneiden. Nun die Messerklinge von hinten oben nach vorne unten drücken, bis das Messer stoppt, sobald die Spitze das Brett berührt.

Die Zwiebel um 90 Grad drehen und in diese Richtung wiederholen.

Die Zwiebel steht noch immer aufrecht, ist jetzt aber in kleine Würfel geteilt. Zwiebel auf die Seite fallen lassen, damit sie etwas flacher liegt, und fertig hacken.

Ist nur noch der Wurzelansatz übrig, diesen flach auf das Brett legen und ebenfalls hacken.

Um diese Technik zu beherrschen, braucht man Übung. Aber wenn Sie viele Zwiebeln hacken müssen, ist sie äußerst effizient.

Das perfekte Steak

Ich warne Sie: Meine Art, ein Steak zuzubereiten, ist etwas mühselig. Allerdings ist das Ergebnis unvergleichlich. Wir verwenden hier moderne Küchentechniken wie das Sous-Vide-Verfahren und Temperaturkontrolle ... Doch keine Panik. Ich bin's, Alex, und ich verspreche, es wird günstig, lustig und einfach. Also los!

Jeder weiß, wie er sein Steak gerne isst. Doch nur wenige wissen, dass es dabei vor allem auf die Kerntemperatur im Fleisch ankommt. Ein blutiges Steak hat 54 °C, ein englisches 57 °C, ein rosa 60 °C und ein durchgebratenes 65 °C. Wenn man ein Steak klassisch zubereitet, das heißt, entweder unter dem Ofengrill oder in der Pfanne, steigt die Temperatur sehr rasch an und Sie müssen abschätzen, wann Sie es vom Herd oder aus dem Ofen nehmen müssen. ABSCHÄTZEN! Ist es zu früh, wird das Steak noch roh sein, ist es nur etwas zu spät, wird es durchgegart sein.

Ob Sie das Steak auf den Punkt gegart haben, wissen Sie erst, wenn Sie es anschneiden. Hoppla! Der richtige Gargrad wurde nur in der Mitte erreicht. Das restliche Fleisch zwischen Mitte und Rand ist weit entfernt vom richtigen Garpunkt. Mein Ziel ist es ein perfektes Resultat zu erzielen, bei dem das Steak überall den gleichen Garpunkt hat.

Dafür verwende ich eine geniale Gartechnik, die Sous-Vide heißt, auf Deutsch vakuumgegart. Und dafür brauchen Sie nur eine Kühlbox.

Mit diesem fantastischen Gerät kann man Essen nicht nur länger kühl, sondern auch lange Zeit warm halten. Und ob Sie es glauben oder nicht, es eignet sich hervorragend für die Zubereitung eines perfekten Steaks. Dafür brauchen Sie nur ein digitales Fleischthermometer.

Nehmen Sie jetzt Ihr schönes, dickes Steak und geben Sie es mit einem Stück Butter und einem Thymianzweig in einen Zipper-Plastikbeutel. Stecken Sie das Ende eines Strohhalms neben dem Steak in den Beutel und verschließen Sie ihn so weit wie möglich. Mithilfe des Strohhalms die Luft aus dem Beutel saugen, den Strohhalm entfernen und den Beutel ganz verschließen.

Da der Beutel nun dicht am Steak anliegt, kann es gleichmäßiger garen.

Füllen Sie warmes Wasser in das Innere der Kühlbox. Das Wasser kühlt pro Stunde 1-2 Grad ab, deshalb sollte die Temperatur zu Beginn etwas über der gewünschten Gartemperatur liegen. Nun den Beutel mit dem Temperaturfühler des Thermometers in das warme Wasser geben und die Kühlbox fest verschließen.

Ist Ihr Steak 5 cm dick, dann sollte es etwa 2 Stunden garen, ist es 2,5 cm dick, etwa 1 Stunde. Kontrollieren Sie gelegentlich die Temperatur am Display, um sicherzugehen, dass sie gleich bleibt. Je größer die Box desto besser funktioniert diese Methode. Sollte die Temperatur zu stark absinken, gießen Sie noch etwas heißes Wasser in die Kühlbox. Das Gute an dieser Methode: die Temperatur des Wassers kann nicht steigen. So ist ein Übergaren des Steaks ganz unmöglich, es sei denn, Sie lassen es länger als 3 Stunden im Wasserbad.

Ich muss zugeben, das Steak sieht erbärmlich aus, wenn Sie es aus dem Beutel holen, ihm fehlt etwas ganz Entscheidendes – eine schöne braune Kruste. Die entsteht in einer sehr heißen Pfanne. Einfach das Steak auf jeder Seite jeweils 1 Minute lang scharf anbraten.

Ein auf diese Weise gegartes Steak anzuschneiden, ist etwas Wunderbares. Man sieht nur herrliches und unglaublich saftiges, rosa Fleisch von einer braunen Kruste bis zur anderen. Sie werden ein Steak nie wieder anders zubereiten wollen...

Unsagbar sagenhaftes Steak Tartare

Ich weiß, ich weiß! Dieses Gericht ist nicht jedermanns Sache. Es besteht aus rohem Rindfleisch (wie italienisches Carpaccio) und enthält auch rohes Eigelb (wie selbstgemachte Mayonnaise und richtige Schokoladen-Mousse). Es birgt also alle potenziellen Risiken, die man mit diesen Speisen in Verbindung bringt. Doch das hält mich nicht davon ab Steak Tartare zu machen. Warum? Ich kaufe die besten Zutaten, und da ich mit meinem Metzger gut befreundet bin, berät er mich bei der Fleischauswahl. Ist es deswegen weniger riskant? Nein, aber ich kann nicht anders. Es schmeckt einfach zu gut.

Für 2 Personen

2 kleine Essiggurken
1 EL Kapern (aus dem Glas)
1 kleine Schalotte
1 Sardellenfilet
jeweils 1 EL frisch gehackte Petersilie und frisch gehackter Schnittlauch
100 g erstklassiges Sirloin Steak, kurz tiefgekühlt
jeweils 1 TL Senf und Tomaten-Ketchup
ein paar Spritzer Worcestershire-Sauce
Meersalzflocken
schwarzer Pfeffer aus der Mühle und ein paar Tropfen Tabasco
2 sehr frischeBio-Eigelb

Essiggurken, Kapern und Schalotte fein hacken und das Sardellenfilet zerdrücken. In eine Schüssel geben und Petersilie und Schnittlauch daruntermischen.

Das Steak aus dem Tiefkühler nehmen und in sehr feine Streifen schneiden. Vorhandenes Fett und Sehnen entfernen. Die Scheiben übereinanderstapeln und in sehr kleine Würfel schneiden.

Die Steak-Würfel gemeinsam mit Senf, Ketchup und Worcestershire-Sauce in die Schüssel geben. Mit Salz, Pfeffer und Tabasco würzen. Alles behutsam, aber gründlich vermischen. In zwei Portionen aufteilen.

Einen großen runden Keksausstecher oder ein Stück Alufolie zu einem Kreis geformt (ich liebe Selbstgebasteltes!) auf einen Teller legen und eine Portion der Fleischmasse hineindrücken. Ausstecher oder Folienring vorsichtig entfernen und vor dem Servieren 1 Eigelb daraufsetzen. Zweite Portion ebenso zubereiten.

EINE VEGANE ALTERNATIVE?

Sind Sie noch zu retten? Wahrscheinlich nicht, aber probieren Sie mal das: Ei und Sardelle weglassen, vegane Mayonnaise hinzufügen, und das Fleisch durch eine Mischung aus gehackten Kirschtomaten, getrockneten Tomaten und roten Paprikaschoten ersetzen. Eine ziemlich schmackhafte Alternative, bis auf das fehlende Muskelgewebe natürlich.

Boeuf Bu-rger-nion

Ein herzhafter Bissen von einem richtig guten Burger ist etwas Herrliches. Kross, zart, saftig, frisch, karamellisiert, salzig, süß, würzig ... All diese Geschmackseindrücke stürmen gleichzeitig auf einen los. Und wenn es dazu noch Rotweinsauce gibt, wird es absolut himmlisch.

Für 1 Person

½ Möhre
etwas Essiggurkenwasser
2 mittelgroße Schalotten
Salz
frisch gemahlener Pfeffer
Öl
3 Gläser Rotwein
1 Prise Zucker
1 Rinderbrühwürfel, zerkrümelt
1 TL Butter
1 TL Weizenmehl
130g Rinderhacksteak in Burger-Form
1 Scheibe Bacon
3 Champignons
1 Schuss Essig
1 Burgerbrötchen in zwei Hälften
1 EL Mayonnaise, vermischt mit einer Prise Chiliflocken
1 Salatblatt

Mit einem Gemüseschäler die Möhre schälen und in feine Streifen hobeln. In eine kleine Schüssel geben und mit einem Löffel etwas Essiggurkenwasser darübergießen. Beiseitestellen, während Sie mit der Zubereitung fortfahren.

Schalotten schälen und in feine Scheiben schneiden. 1–2 Scheiben beiseitelegen. Den Rest salzen und pfeffern, mit etwas Öl in einen Topf geben und bei mittlerer Hitze einige Minuten anbraten. Wein, Zucker und Brühwürfel hinzufügen. Bei mittlerer bis schwacher Hitze 30 Minuten einkochen lassen und von Zeit zu Zeit umrühren. Butter und Mehl zu einer glatten Masse verkneten und mit einem Schneebesen in die Sauce einrühren, damit sie eindickt. Die Sauce langsam aufkochen, probieren und bei Bedarf nachsalzen. Abkühlen lassen und bis zur Verwendung kalt stellen.

Den Burger salzen und pfeffern und auf beiden Seiten mit Öl benetzen. In einer Pfanne bei starker Hitze auf jeder Seite 2–4 Minuten braten (abhängig von der Dicke des Burgers). Aus der Pfanne nehmen und zugedeckt beiseite stellen. Bacon und Champignons ein paar Minuten in der Pfanne anbraten. Herausnehmen, die Champignons fein hacken und beiseitestellen. Einen Schuss Essig in die Pfanne geben und gut umrühren, um den Bratensatz vom Boden zu lösen. Den Saft zur Weinsauce gießen.

Das Burgerbrötchen rasch toasten und etwas von der Chilimayonnaise darauf verstreichen. Die untere Brötchenhälfte auf einen Teller oder ein Brett legen und die Zutaten folgendermaßen aufschichten: Salatblatt, Burger, rohe Schalottenscheiben, gehackte Champignons, 1 EL Rotweinsauce, Bacon und marinierte Möhrenstreifen. Und wenn Sie möchten, noch mehr von der Chilimayonnaise. Die obere Brötchenhälfte daraufsetzen.

Roh? Nein, danke ... Bei einem Steak befinden sich die meisten Bakterien an der Oberfläche. Daher ist es zulässig (und sogar empfehlenswert), das Steak roh zu essen, nachdem es außen scharf angebraten wurde. Bei einem Burger jedoch wird das Steak in der Küchenmaschine zu Hackfleisch verarbeitet und die Bakterien, die sich gerade noch an der Oberfläche befanden, sind dann im gesamten Fleisch verteilt. Einen Burger roh zu essen käme in etwa dem Ablecken von rohem Barbak gleich. Mmmmh lecker! („Barbak" ist ein Slang-Wort, das wir Franzosen für Fleisch benutzen ... aber kein sehr vornehmes.) Bei Steak Tartare mache ich allerdings eine Ausnahme (Seite 114).

Hachis Parmentier mit Pulled Pork

Ziel dieses Gerichts ist es, Kartoffelpüree und Grillreste in einen Leckerbissen zu verwandeln. Genau genommen sollten alle wissen, die effizient wirtschaften und keines der mit Sorgfalt eingekauften Lebensmittel verschwenden möchten, wie man Essensreste am besten verwerten kann.

Für 4 Personen

400 g Pulled Pork oder anderes langsam gegartes Fleisch
2 rote Zwiebeln
2 Knoblauchzehen
2 EL Öl
2 Tomaten, gewürfelt
1 EL Weizenmehl
Salz
frisch gemahlener Pfeffer
1 Ei, verquirlt
zerlassene Butter zum Einfetten
800 g Kartoffelpüree
100 g Tortilla-Chips, zu Krümeln zerkleinert
50 g geriebener Käse, z. B. Cheddar, Parmesan

Den Ofen auf 220 °C Ober- und Unterhitze (200 °C Umluft) vorheizen.

Das Fleisch in sehr kleine Stücke hacken. Zwiebeln und Knoblauchzehen schälen und hacken.

Das Öl in einer Pfanne erhitzen. Zwiebeln und Knoblauch bei mittlerer bis starker Hitze einige Minuten darin anbraten. Die gewürfelten Tomaten und das gehackte Fleisch hinzufügen.

Alles mit Mehl bestäuben und bei Bedarf mit Salz und Pfeffer würzen (wenn das Fleisch gut gewürzt wurde, brauchen Sie vielleicht gar kein Salz). Das Mehl einrühren, die Hitze stark reduzieren und etwa 10 Minuten garen. Die Pfanne vom Herd nehmen und anschließend das verquirlte Ei einrühren.

Eine ofenfeste Auflaufform mit Butter einpinseln, die Fleischmischung hineingeben und mit Kartoffelpüree bedecken. Zerkleinerte Tortilla-Chips und geriebenen Käse darüberstreuen. Ca. 15 Minuten im Ofen überbacken, bis die Kruste goldbraun ist.

Damit Sie Bescheid wissen …

„Hachis" ist das französische Wort für Hackfleisch, und Parmentier hieß der Kerl, der die erste Kartoffel nach Frankreich gebracht hat.

Perfekte Fleischbällchen

Wenn Sie glauben, dass Sie nur Hackfleisch brauchen, um gute Fleischbällchen zu machen, dann haben Sie sich geirrt. Es geht um den richtigen Mix. Sie brauchen Schweinefleisch, Kalbfleisch, Brot, Käse ... Und warum? Damit die Fleischbällchen schön saftig werden und im Mund fast schmelzen. Wenn Sie das außer Acht lassen, werden Ihre Fleischbällchen aussehen wie Golfbälle und vermutlich auch so schmecken. Und das wollen Sie doch bestimmt nicht, oder?

Ergibt ca. 20 Fleischbällchen

4–6 Scheiben Weißbrot
Milch
Öl zum Braten
1 Zwiebel, sehr fein gehackt
2 Knoblauchzehen, fein zerdrückt
400 g Rinderhack
150 g Schweinehack
1 Ei, verquirlt
50 g fein geriebener Käse (Pecorino oder Parmesan)
Mehl zum Bestäuben

Serviervorschlag
Baguette
Tomatensauce
frische Basilikumblätter

Das Brot würfeln, in eine Schüssel geben und mit Milch bedecken. Einweichen bis sich das Brot vollgesogen hat, und die überschüssige Milch ausdrücken. In einer Pfanne etwas Öl erhitzen. Zwiebel und Knoblauch bei mittlerer Hitze darin anbraten, bis sie beginnen braun zu werden.

Zu dem Brot die gebräunte Zwiebel und den Knoblauch sowie Rinder- und Schweinehack, Ei und Käse hinzufügen. Mit den Händen gut verkneten (wenn Ihnen diese Vorstellung nicht gefällt, verwenden Sie dabei Gummihandschuhe) – bis die Masse eine kompakte, gut feuchte Konsistenz hat. Nur so gelingen die Fleischbällchen.

Die Masse zu kleinen Kugeln formen und in Mehl wenden. Öl in einer Pfanne erhitzen. Die Fleischbällchen bei mittlerer bis schwacher Hitze etwa 20 Minuten braten. Um zu überprüfen, ob die Fleischbällchen wirklich fertig sind, eins in der Mitte durchschneiden. Es muss fest und vollständig durchgegart sein.

Belegen Sie doch ein kleines Baguette mit einigen Fleischbällchen, Tomatensauce und Basilikum und dann hauen Sie ordentlich rein.

Perfektionist oder Kontrollfreak?

Auf die beschriebene Art verlieren die Fleischbällchen beim Braten ihre runde Form und werden etwas flacher. Wenn Sie Perfektionist sind und Ihnen das schlaflose Nächte bereitet (ich kann Sie gut verstehen), pochieren Sie die Bällchen zuerst ein paar Minuten in einem Topf mit schwach kochendem Wasser. Dann bleiben sie schön rund.

Hähnchen aus dem Reich der Mitte

Dieses Rezept ist eine Hommage an Jamie Olivers Empire-Curryhähnchen, mit dem er das multikulturelle Großbritannien hochleben lässt. Meinen Respekt, Jamie!

Für 4 Personen

Für das Fünf-Gewürze-Pulver
(überschüssiges Pulver kann mehrere Monate in einem luftdichten Behälter dunkel und kühl gelagert werden. Ich sollte das zwar nicht sagen, aber Sie können auch fertiges Fünf-Gewürze-Pulver verwenden: Besser Sie haben gekauftes zu Hause als gar keins.)
1 EL Szechuanpfefferkörner
5 ganze Sternanis
1 TL ganze Nelken
1–2 Zimtstangen, je nach Größe
1 EL Fenchelsamen

Für die Marinade
4 Frühlingszwiebeln, weiße und grüne Teile getrennt
3 EL geschmacksneutrales Öl
2 Knoblauchzehen, fein zerdrückt
2,5 cm frischer Ingwer, gerieben
3 EL helle Sojasauce
1 EL Reisessig oder Apfelessig
1 EL brauner Zucker
1 Hähnchen von ca. 1,5 kg, aus artgerechter Haltung
1 TL Maisstärke
350 ml Hühnerbrühe
Salz
frisch gemahlener Pfeffer

Für das Fünf-Gewürze-Pulver alle Gewürze in einer Pfanne ohne Fett bei starker Hitze anrösten, bis sie zu duften beginnen. Anschließend im Mörser zu einem feinen Pulver zerstoßen.

Für die Marinade alle weißen Teile und zwei grüne Teile von den Frühlingszwiebeln fein hacken. Das Öl in einer Pfanne erhitzen und die gehackten Zwiebeln bei mittlerer bis starker Hitze darin anbraten, bis sie goldbraun sind. Das aromatisierte Öl auffangen und die gebratenen Zwiebeln auf Küchenkrepp abtropfen lassen. Das Öl mit Knoblauch, Ingwer, Sojasauce, Essig, Zucker und 2 EL Fünf-Gewürze-Pulver vermischen und zu einer Paste verrühren.

Die Hähnchenschenkel einschneiden und das Hähnchen rundum mit 3/4 der Gewürzpaste einreiben. Mit Gummihandschuhen machen Sie sich zwar weniger schmutzig, haben aber auch weniger Spaß dabei (immer diese Franzosen…). Das Hähnchen auf einen Teller legen, mit Frischhaltefolie abdecken und im Kühlschrank mindestens 2 Stunden ruhen lassen. 30 Minuten vor der Zubereitung aus dem Kühlschrank nehmen.

Den Ofen auf 200 °C Ober- und Unterhitze (180 °C Umluft) vorheizen. Das Hähnchen auf einen Rost legen, ein Glas Wasser in ein Blech gießen und etwa 1 1/2 Stunden im Ofen braten. Inzwischen die restliche Gewürzpaste bei schwacher Hitze in einer Pfanne erwärmen. Maisstärke mit Hühnerbrühe vermischen und in die Pfanne gießen. Unter Rühren aufkochen. Köcheln lassen und einkochen, bis eine sirupartige Sauce entstanden ist. Mit Salz und Pfeffer abschmecken.

Das Hähnchen aus dem Ofen nehmen und mit einem Messer zwischen Schenkel und Körper einstechen. Ist der austretende Saft klar, ist das Hähnchen fertig! Mit Folie bedeckt 15 Minuten ruhen lassen. Servieren Sie das Hähnchen mit großem Pomp und reichen Sie die Sauce dazu. Die restlichen grünen Teile der Frühlingszwiebeln fein hacken und mit den gebratenen Zwiebeln über das Hähnchen streuen.

Lamm Shish-Kebab wie von der Straße

Ein am Dönerimbiss gekaufter und auf der Straße gegessener Kebab löst extreme Emotionen aus. Ist es ein guter Kebab, katapultiert Sie die Kombination aus Gewürzen und gegrilltem saftigen Fleisch in den siebenten Himmel. Ist es ein schlechter Kebab, werden Sie das dringende Bedürfnis verspüren, sofort die nächste Toilette aufzusuchen. Extremer geht es wohl nicht.

Ergibt 6 Kebabs

300 g mageres Lammfleisch, am besten aus der Keule
1 Zwiebel
220 g griechischer Joghurt
Saft von 1 Zitrone
Salz
frisch gemahlener Pfeffer
1 TL gemahlener Koriander
1 TL gemahlener Kreuzkümmel (Cumin)
1 TL Chilipulver
1 große Tomate
1 grüne Paprikaschote, entkernt
1 rote Zwiebel

Serviervorschlag
Fladenbrote
Joghurt
in Ringe geschnittene Chilischoten

Das Lamm in flache Würfel schneiden (diese neue geometrische Form ist Ihnen doch nicht etwa entgangen?), etwa 2 x 2 x 1 cm. Zwiebel hacken und mit Joghurt, Zitronensaft, Salz, Pfeffer und Gewürzen im Standmixer pürieren, bis eine glatte Paste entsteht.

Lammstücke und Joghurtpaste in einen Zipper-Plastikbeutel geben, verschließen und durch Kneten gut vermischen. Im Kühlschrank über Nacht ziehen lassen. Wenn Sie nicht so viel Zeit haben, zumindest 2 Stunden im Kühlschrank aufbewahren und den Beutelinhalt dazwischen mehrmals durchkneten (das macht die kürzere Marinierzeit wett).

Tomate, Paprikaschote und rote Zwiebel in Stücke schneiden (gleichgroß wie die Fleischstücke).

Fleisch-, Tomaten-, Paprika- und Zwiebelstücke abwechselnd auf Spieße stecken und die Kebabs in einer Grillpfanne bei mittlerer bis starker Hitze braten. Wenn Sie sie auf dem Grill machen können, umso besser, dann sollten 5–8 Minuten unter gelegentlichem Wenden reichen.

Die Spieße auf Fladenbroten mit Joghurt und Chiliringen servieren. Schon beim Gedanken daran läuft mir das Wasser im Mund zusammen.

Miesmuscheln à la marinière, nur ohne Miesmuscheln

„Moules marinières", Miesmuscheln in Weißwein-Schalotten-Sauce, sind ein typisch französisches Gericht. Es schmeckt gut, ist günstig, in 10 Minuten fertig und absolut nachhaltig – also her mit den Miesmuscheln! Oder vielleicht doch nicht. Seien Sie nicht so altmodisch, dieses Rezept funktioniert auch großartig mit anderen Muscheln, z. B. Venusmuscheln!

Für 2 Personen

5 Schalotten
2 Knoblauchzehen
ein kleines Bund frische Petersilie
1 Stange Sellerie (mit Blattgrün)
2–3 Lorbeerblätter
ein paar Zweige frischer Thymian
ein paar Zweige frischer Rosmarin
1 kg frische Venusmuscheln in der Schale
1 EL Butter
etwa ½ Flasche trockener Weißwein, z. B. Muscadet oder Sauvignon Blanc (Sie können auch leichtes Bier oder Apfelwein nehmen. Wenn Sie keinen Alkohol verwenden möchten, ersetzen Sie ihn durch Gemüsebrühe mit einem Schuss Essig – das Gericht wird trotzdem großartig)
Salz
frisch gemahlener Pfeffer
3–4 EL Crème double

Die Schalotten in feine Scheiben schneiden und Knoblauchzehen zerdrücken. Die Blätter von Petersilie und Sellerie zupfen und hacken. Alles beiseitestellen.

Die Stiele der Petersilie und des Sellerie (in kürzere Stücke geschnitten), Lorbeerblätter, Thymian und Rosmarin mit Küchenfaden zu einem Sträußchen zusammenbinden. Die Muscheln mit einer Bürste in kaltem Wasser gründlich von Schmutz und Sand befreien. Beschädigte oder offene Muscheln wegwerfen.

Die Butter in einem großen Topf schmelzen und das Kräutersträußchen dazugeben. Etwa eine Minute anbraten, damit die Butter den Kräutergeschmack aufnehmen kann. Dann Schalotten und Knoblauch hinzufügen. Dünsten, bis die Schalotten weich sind, und dann den Wein dazugießen und köcheln lassen, damit der Wein etwas einkocht. Mit Salz und Pfeffer würzen.

Muscheln und Sellerieblätter dazugeben. Den Deckel auf den Topf setzen und die Muscheln garen, bis sich alle Muscheln geöffnet haben. Zwischendurch ein- bis zweimal umrühren, damit sich die Muscheln am Topfboden nicht vor jenen öffnen, die obenauf liegen. Alle geschlossenen Muscheln wegwerfen. Die Garzeit ist von der Größe der Muscheln abhängig. Kleine öffnen sich nach 3–4 Minuten, größere brauchen vielleicht etwas länger. Zum Schluss etwas Crème double dazugeben. Ich weiß, das gehört nicht zum klassischen Rezept, aber ganz ehrlich, wen interessiert's? Haha.

Das Kräutersträußchen entfernen und die gehackten Kräuterblättchen einstreuen. Die Muscheln in Portionsschüsseln geben und die Sauce darüberlöffeln. Das Gericht schmeckt sehr intensiv. Muscheln, Schalotten, Butter und Crème double machen es üppig, und die Kräuter geben ihm Frische. Die Muscheln alleine oder mit Pommes als Beilage servieren. Und natürlich den restlichen Wein.

Jakobs-muschel-Carpaccio

Dieses Rezept entdeckte ich während einer Reise durch Nordirland. Die Einfachheit, sein reichhaltiger und nussiger Geschmack und die Tatsache, dass Rapsöl statt Olivenöl verwendet wird, haben es mir sofort angetan. Heutzutage wird Olivenöl einfach für alles verwendet. Es ist wirklich sehr gut, aber ich finde: (1) sein markanter Geschmack passt nicht zu JEDEM Gericht, und (2) gibt es so viele verschiedene und köstliche Öle, die nur darauf warten, entdeckt zu werden!

Für 4 Personen

6 große sehr frische Jakobsmuscheln (Sushi-Qualität) ohne Rogen
Salz
frisch gemahlener Pfeffer
1 unbehandelte Zitrone
3 EL Rapsöl
3 EL gehackte und geröstete Haselnusskerne
fein gehackte Petersilie

Die Jakobsmuscheln horizontal in sehr feine, ca. 3 mm dicke Scheiben schneiden. Würzen und auf 4 Teller verteilen. Für eine schöne Optik die Scheiben dabei überlappend anrichten.

Etwas Zitronenschale (nicht zu viel) fein darüberreiben und ein bisschen Zitronensaft aufträufeln. Mit Öl besprenkeln und die Haselnüsse sowie die gehackte Petersilie darüberstreuen.

Sofort servieren.

Reis-Bowl mit Lachs, Avocado und Roter Bete

Dieses Rezept ist ideal, um zu lernen, wie man Sushi-Reis kocht. Es ist außerdem super-einfach und sieht grandios aus. Was kann man also daran auszusetzen haben?

Für 2 Personen

Für den Reis und die Würze
190 g Rundkornreis
75 ml Reisessig
50 g Zucker
1 EL Salz

Für den Belag
200 g sehr frisches Lachsfilet (Sushi-Qualität) ohne Haut
1 kleine eingelegte Rote Bete
1 Avocado, geschält und entsteint
¼ Bund Brunnenkresse
2 EL Lachsrogen
etwas schwarzer und weißer Sesam

Den Reis in ein feines Sieb geben und mit fließendem, kaltem Wasser abspülen, bis es klar ist. Reis in einen Reiskocher geben, 300 ml kaltes Wasser dazugießen und nach Bedienungsanleitung kochen. Wenn Sie Reis mögen, aber keinen Reiskocher haben (das ist kaum möglich), gehen Sie los und kaufen Sie sich einen. JETZT!

Einen Topf bei schwacher Hitze erwärmen, Essig, Zucker und Salz hinzufügen und unter regelmäßigem Rühren erhitzen, bis sich Zucker und Salz aufgelöst haben.

Ist der Reis fertig, verteilen Sie ihn vorsichtig in einer großen, tiefen Form, damit er schnell abkühlt, und träufeln die Essigmischung gleichmäßig darüber.

Den Reis behutsam mit einem Kochlöffel vermischen und die Körner dabei nicht zerdrücken. Sobald der Reis vollständig abgekühlt ist, kann er angerichtet werden.

Jetzt geht es nur noch darum, einen Augenschmaus daraus zu machen! Portionsschüsseln mit Reis füllen. Für den Belag Lachs, Rote Bete und Avocado in feine Scheiben schneiden. Brunnenkresse in kleine Zweige zupfen. Gelbe Blätter und harte Stiele entfernen. Lachs, Rote Bete, Avocado und Brunnenkresse auf dem Reis schön anrichten und je 1 EL Lachsrogen darauf platzieren. Mit schwarzem und weißem Sesam bestreuen. Wenn Sie nicht gut darin sind, Essen hübsch aussehen zu lassen, suchen Sie auf Pinterest nach „Chirashi Bowl".

Das Rezept unten finden Sie auf der nächsten Seite.

Fischpäckchen mit zartem Gemüse

Fisch „en papillote“ (in Folie oder Papier eingewickelt) zu garen bewahrt alle Aromen, intensiviert sie sogar. Der Fisch gart langsam im verschlossenen Paket, und das Gemüse und die Kräuter geben ihre Aromen an den Fisch ab. So weit, so gut. Doch die Folie oder das Papier, in die der Fisch gewickelt war, wird nach dem Kochen weggeworfen. In meinem Rezept kann man sogar die Verpackung essen. Wie das geht?

Für 1 Person

3 Reispapierblätter
2 EL fein gehobelter Weißkohl
2–3 Pilze (je nach Größe), in feine Streifen geschnitten
2 EL Bambussprossen
180 g Lachs- oder Forellenfilet, ohne Haut
Salz
frisch gemahlener Pfeffer
ein paar Zweige frischer Koriander

1 TL fein gehackter, frischer Ingwer
ein paar Tropfen Sesamöl
1 Schuss Olivenöl
1 Schuss Sojasauce

Reispapier mit einem feuchten Tuch betupfen oder kurz in warmes Wasser tauchen, damit es weicher wird. Das Reispapier auf der Arbeitsfläche wie Blütenblätter gut überlappend ausbreiten.

Weißkohl, Pilze und Bambussprossen in die Mitte geben. Fischfilet kräftig salzen und pfeffern und auf das Gemüse legen. Dann ein paar Korianderzweige und etwas Ingwer zufügen. Sesamöl, Olivenöl und Sojasauce darüberträufeln. Das Reispapier um die Füllung wickeln, sodass kein Saft auslaufen kann.

Wenn Sie keinen Dampfgarer haben, macht das nichts. Ich habe auch keinen. Hurra, Bastelzeit! Knüllen Sie 3 Stücke Alufolie zu gleich großen Kugeln zusammen, jede sollte etwa so groß wie eine Mandarine sein. Die Kugeln in einen großen Topf legen und zu 3/4 mit Wasser bedecken. Einen kleinen ofenfesten Teller auf die Kugeln stellen – der Teller darf die Topfwand nicht berühren. Voila, fertig ist der selbstgebaute Dampfgarer!

Den Teller mit einem ölgetränkten Küchenkrepp einfetten und das Fischpäckchen darauflegen. Einen Deckel auf den Topf setzen und alles bei starker Hitze etwa 10–15 Minuten garen.

Foto auf Seite 129.

Immer daran denken:

Es ist nicht nur der Geschmack, der zählt. Bei Tisch muss stets auch auf die Optik oder eine spannende Präsentation geachtet werden. Denn es sind die Augen, die zuerst schlemmen.

Eine unverzeihlich französisch angehauchte Fish 'n' Chips-Version

Wenigstens einmal sollten Sie Fish 'n' Chips so gegessen haben: In einer der Straßen von London, auf einer zu schmalen Bank, umgeben von laut hupenden Autos, im strömenden Regen, mit fettigen Fingern und beschlagenen Brillengläsern. Wenn Sie auch gut ohne diese Erfahrung auskommen, können Sie Fisch 'n' Chips natürlich auch zu Hause machen.

Für 4 Personen

Für die Sauce
2 Knoblauchzehen, zerdrückt
1 Eigelb
Salz
1 TL Senf
abgeriebene Schale und Saft von ½ unbehandelten Zitrone, plus Zitronenspalten zum Anrichten
75 ml geschmacksneutrales Öl, z. B. Rapsöl, Erdnussöl
75 ml Olivenöl
1 Prise Chiliflocken

Für den Teig
230 ml Bier (ich verwende helles Bier)
100 g Maisstärke
60 g Weizenmehl
1 TL Salz
1 TL Pfeffer
2 EL getrocknete mediterrane Kräuter, z. B. Oregano, Thymian, Kräuter der Provence
1 TL Natron

Für den Fisch
4 Fischfilets zu je 180 g, am Schwanzende etwa 1 cm und am Kopfende 2 cm dick. Am besten Kabeljau, Schellfisch oder anderen weißfleischigen Fisch verwenden. Ich habe das Rezept auch schon mit Seeteufel gemacht, und es war herrlich. Doch achten Sie darauf, dass der Fisch MSC-zertifiziert ist.
Maisstärke zum Bestäuben
Erdnussöl zum Frittieren

Für die Sauce Knoblauch, Eigelb, Salz, Senf und Zitronenschale in eine Schüssel geben. Die 2 Öle vermischen und nach und nach mit dem Schneebesen einrühren, bis alles vermengt ist. Bravo! Sie haben gerade eine Mayonnaise gemacht. Zum Schluss den Zitronensaft und die Chiliflocken einrühren.

Für den Teig das Bier in ein großes, tiefes Gefäß füllen und sanft mit Maisstärke, Mehl, Salz, Pfeffer, getrockneten Kräutern und Natron mischen. Es bilden sich Klumpen? Umso besser.

Fischfilets leicht in der Maisstärke wälzen und überschüssige Stärke abschütteln. Das Frittieröl in einer großen Pfanne auf 180° C erhitzen.

Fischfilets in den Teig tauchen, bis sie vollständig damit überzogen sind, und dann frittieren, bis sie goldbraun sind. Wenn Sie während des Frittierens noch etwas Teig über die Filets träufeln, wird die Teigkruste am Ende noch um einiges knuspriger. Einen Teller mit Küchenkrepp auslegen und die Filets darauf abtropfen lassen. Sofort mit der Sauce und Zitronenscheiben servieren.

Sie werden jetzt fragen: „Und wo sind die Chips?" Antwort: Es gibt keine. Der Fisch ist einfach zu köstlich, und Fett gibt es in der Zubereitung schon genug. Ich schlage vor, Sie servieren stattdessen einen knackigen, aromatischen Salat als Beilage.

Fotos auf den nächsten Seiten.

Fisch nach Art der Müllerin

Ein großer Klassiker in der französichen Küche ist „sole meunière" (bzw. „sole à la meunière", oder übersetzt – „Seezunge nach Art der Müllerin"). Der Fisch wird mit Mehl überzogen, bevor man ihn in Butter brät. Ein einfaches, superschnelles Rezept, das – und das wissen nicht viele – für zahlreiche Fischarten geeignet ist.

Für 2 Personen

2 Forellen, insgesamt etwa 700 g, küchenfertig (geputzt, geschuppt und ausgenommen)
Salz
frisch gemahlener Pfeffer
60 g Weizenmehl
3 EL geschmacksneutrales Öl
80 g Butter
Saft von ½ Zitrone
frisch gehackte Kräuter (Basilikum, Petersilie, Estragon…) zum Bestreuen

Forellen von innen und außen salzen und pfeffern. In Mehl wälzen und überschüssiges Mehl abschütteln.

Öl in einer großen Pfanne bei mittlerer Hitze erwärmen. Die Fische in die Pfanne geben und die Butter hinzufügen, wenn die Forellen auf der Unterseite leicht gebräunt sind. Weiterhin bei mittlerer Hitze weitere 4 Minuten braten, bis die Fische goldbraun ist. Die Forellen mit einem Pfannenwender umdrehen.

Hitze reduzieren und 5 weitere Minuten garen. Dabei mit einem Löffel immer wieder Öl und Butter über die Fische gießen und darauf achten, dass die Butter nicht verbrennt. Forellen aus der Pfanne heben und auf Servierteller legen.

Den Zitronensaft in die Pfanne geben und mit einem Schneebesen in die heiße, schaumige Butter-Öl-Mischung rühren. Die Fische damit beträufeln, mit frisch gehackten Kräutern bestreuen und sofort servieren.

Garnelen in Knoblauch-Petersilienbutter mit Szechuan-Chili-Öl

Das Rezept habe ich wegen des Gewürzöls mit Szechuan-Pfeffer ausgesucht. Es ist einfach, schnell zubereitet, würzig, hat jede Menge Aromen und ist so scharf, dass es weh tut, aber es macht auch höllisch süchtig. Es ist wirklich spannend zu beobachten, wie das aromatische Profil eines Gerichts mit nur ein paar Tropfen Öl völlig verändert werden kann, finden Sie nicht auch?

Für 2 Personen als Hauptgang, für 4 Personen als Vorspeise

Für das Chili-Öl
(mindestens 24 Stunden im Voraus zubereiten)
230 ml geschmacksneutrales Öl
2,5 cm frischer Ingwer, geschält und in Scheiben geschnitten
die weißen Teile von 4 Frühlingszwiebeln, in Scheiben geschnitten
1 Lorbeerblatt
1 Zimtstange
6 ganze Nelken
8 EL rote Chiliflocken
1 EL Sesam
3-4 Szechuan-Pfefferkörner

Für die Garnelen
1 Knoblauchzehe, fein zerdrückt
25 g Butter
½ TL Salz
2 EL frisch gehackte Petersilie
230 g gekochte und geschälte Garnelen
1 EL geschmacksneutrales Öl

Öl in einem Topf erhitzen. Ingwer, Frühlingszwiebeln, Lorbeerblatt, Zimtstange und ganze Nelken bei mittlerer bis schwacher Hitze 5 Minuten darin dünsten, bis die Zwiebeln beginnen braun zu werden.

Das Öl durch ein Sieb gießen, wieder in den Topf füllen und bei mittlerer Hitze erwärmen. In der Zwischenzeit 5 EL Chiliflocken in eine ofenfeste Keramik- oder Glasschüssel geben. Sobald das Öl zu rauchen beginnt, die Hälfte davon vorsichtig über die Chiliflocken in der Schüssel gießen. Fahren Sie nun erst fort, wenn im Öl keine Bläschen mehr aufsteigen.

Sesam mit einem weiteren EL Chiliflocken und den Pfefferkörnern in die Schüssel geben. Das restliche Öl darübergießen und 24 Stunden ziehen lassen. Das Öl wird danach orange-rot gefärbt sein.

Bei Raumtemperatur hält das Öl in einem verschlossenen Behälter ein paar Wochen. Im Kühlschrank sogar noch länger.

Um mit den Garnelen zu beginnen, vermischen Sie den Knoblauch mit Butter und Salz. Petersilie hinzufügen und alles kräftig verrühren. Sie wissen es vielleicht nicht, aber Sie haben gerade eine *„beurre maître d'hôtel"* gezaubert – einen wahren Klassiker der französischen Küche (siehe Seite 109). Und mehr sag ich dazu gar nicht.

Öl in einer Pfanne erhitzen und die Garnelen darin bei mittlerer Hitze einige Minuten anbraten, bis sie leicht gebräunt sind. Die Knoblauch-Petersilien-Butter einrühren, bis die Garnelen damit überzogen sind, und heiß servieren. Das schmeckt schon richtig lecker, doch erst ein Spritzer Szechuan-Chili-Öl macht das Ganze einfach unwiderstehlich.

Gemüse

Karamellisierte Miso-Auberginen aus dem Ofen

Die Aubergine ist eines meiner liebsten Gemüse, sie kann in der Küche allerdings recht zickig sein. Schlecht zubereitet wird sie zäh, trocken und bitter, doch gut zubereitet schmilzt sie im Mund, ist saftig und schmeckt fast süß. Karamellisiert und mit Misopaste verfeinert wird diese verborgene Süße noch stärker betont.

Für 2 Personen

2 Auberginen
geschmacksneutrales Öl
Salz
1 Gemüsebrühwürfel
1 EL Sojasauce
2 EL Sake (oder trockener Weißwein)
2 EL Mirin (japanischer Reiswein) oder süßer Weißwein
2 EL weiße Misopaste
Sesam
Chilipulver oder Chiliflocken zum Garnieren

Den Ofen auf 200 °C Ober- und Unterhitze (180 °C Umluft) vorheizen.

Die Auberginen längs halbieren. Mit einem scharfen Messer das Fruchtfleisch tief und diagonal einschneiden (in 1-cm-Abständen) Dabei nicht die Schale durchstoßen. Jetzt in die entgegengesetzte Richtung diagonal einschneiden, sodass ein Rautenmuster entsteht. Die Auberginenhälften mit Öl bepinseln und salzen. Die Hälften mit der Schnittseite nach oben auf ein mit Backpapier ausgelegtes Backblech legen und im Ofen 35–40 Minuten backen. Machen Sie die Garprobe mit einem spitzen Messer – das Fruchtfleisch sollte sehr weich sein.

Einen Topf stark erhitzen und 130 ml Wasser, zerkrümelten Gemüsebrühwürfel, Sojasauce, Sake und Mirin hinzufügen. Die Sauce aufkochen und köcheln lassen, bis sie um ein Drittel eingekocht ist. Topf vom Herd nehmen und die Misopaste gut einrühren.

Die fertigen Auberginen mit der eingekochten Misosauce bestreichen und vor allem die Einschnitte ausgiebig damit benetzen. Ein paar Sesamsamen darüberstreuen und die Auberginen im Ofen grillen, bis die Oberfläche karamellisiert ist und kleine Bläschen darauf zu sehen sind. Auberginen aus dem Ofen nehmen und für den Extra-Kick mit einer Prise Chilipulver oder Chiliflocken bestreuen.

Zum Nachdenken

In Frankreich bezeichnet man ein Gericht als perfekt (wir sagen „abouti"), wenn ihm nichts mehr hinzuzufügen ist. In Japan ist ein Gericht „abouti", wenn nichts mehr weggelassen werden kann. Was wieder einmal zeigt: Es kommt immer auf den jeweiligen Blickwinkel an …

Sexy Ratatouille

Ratatouille ist ein langsam gegartes Wohlfühlgericht, in dem sich die Aromen der verschiedenen Zutaten harmonisch zu einer Speise verbinden, die viel mehr als die Summe ihrer einzelnen Bestandteile ist. Leider sieht sie oft wie Gemüsebrei aus. Doch nicht hier. Diese Ratatouille haut Sie garantiert um!

Für 4 Personen

4 große Tomaten
1 gelbe Zucchini
1 grüne Zucchini
2 kleine Auberginen
1 Zwiebel
2 rote Paprikaschoten, entkernt
2 Knoblauchzehen
Olivenöl
Meersalzflocken
frisch gemahlener Pfeffer
1 EL frisch gehackter Thymian und Rosmarin

Tomaten, Zucchini und Auberginen mit einem sehr scharfen Messer in feine Scheiben schneiden. Die Scheiben sollten möglichst gleich dick sein, damit sie gleichzeitig gar werden. Legen Sie die schönsten Scheiben gleicher Größe (mindestens 5 cm Durchmesser) für die oberste Ratatouille-Schicht beiseite und bewahren Sie die Gemüseabschnitte für die Sauce auf.

Zwiebel, Paprikaschoten und Knoblauchzehen grob hacken. 2 EL Olivenöl in einer großen Bratpfanne erhitzen. Gehacktes Gemüse und klein geschnittene Gemüseabschnitte bei mittlerer Hitze darin anbraten. Salzen, pfeffern und Thymian und Rosmarin hinzufügen. 10 Minuten dünsten und dann im Mixer pürieren, bis eine dicke, orange-rote Sauce entstanden ist.

Ofen auf 180 °C Ober- und Unterhitze (160 °C Umluft) vorheizen. Eine ofenfeste Form mit Öl bestreichen und die Sauce gleichmäßig darin verteilen (ca. 1 cm hoch).

Die Ärmel hochkrempeln und die beiseitegelegten Tomaten-, Zucchini- und Auberginenscheiben abwechselnd auf die Sauce legen. Damit das Ergebnis wirklich gut aussieht, müssen die Scheiben dicht und schön überlappend aneinandergelegt werden wie Fischschuppen. Die Gemüsescheiben zum Schluss noch mit Olivenöl beträufeln und mit Salzflocken bestreuen. Die Form mit Alufolie oder Backpapier abdecken für 30–45 Minuten in den Ofen schieben.

Stellen Sie das Ratatouille auf den Tisch und warten Sie auf den programmierten „Wow-Effekt". Kommt er nicht, nehmen Sie die Form wieder mit in die Küche und essen Sie die Ratatouille alleine. Aber machen Sie sich da mal keine Hoffnungen!

Vegetarisches Mapo Tofu mit Aha-Effekt

Als ich dieses Rezept entdeckte, wurde mir klar, dass die echte chinesische Küche nichts mit der chinesischen Küche zu tun hat, wie wir sie im Westen kennen. Ich kann nur sagen, dass dieses Rezept weit von Chop Suey, Schweinefleisch süß-sauer und Wan-Tans entfernt ist. Und als nicht unwesentliche Draufgabe haben mir viele meiner YouTube Follower in China versichert, dass es wirklich authentisch ist ...

Für 2 Personen

300 g Seidentofu
2 EL geschmacksneutrales Öl
50 g Pilze, fein gehackt
50 g Zwiebeln, fein gehackt
1 gehäufter EL Dou Ban Jiang (eine salzige und würzige Paste aus fermentierten Dicken Bohnen. Wenn Sie sie nicht bekommen können, verwenden Sie ersatzweise chinesische Sojabohnenpaste, koreanische Gochujang-Paste oder auch japanische rote Misopaste)
2 EL Dou Chi (fermentierte schwarze Sojabohnen)
2,5 cm frischer Ingwer, geschält und fein gehackt
2 Knoblauchzehen, fein gehackt
die weißen Teile von 2 Frühlingszwiebeln, fein gehackt
1 EL Maisstärke

Zum Anrichten
1 Schuss Sesam- und Chiliöl
die grünen Teile von 2 Frühlingszwiebeln, fein gehackt
frisch gemahlener schwarzer Szechuan-Pfeffer

In einen Wok oder eine große Pfanne Wasser füllen und zum Sieden bringen. Während das Wasser erhitzt wird, den Tofu in 2 cm große Würfel schneiden.

Tofuwürfel ins heiße Wasser legen und ein paar Minuten garen. Abgießen und beiseitestellen. So wird der Tofu außen fester. Einen sauberen und trockenen Wok stark erhitzen. Öl hineingeben und Pilze, Zwiebeln und Dou Ban Jiang hinzufügen.

Dou Chi, Ingwer, Knoblauch und weiße Teile der Frühlingszwiebeln dazugeben und unter Rühren anbraten. 230 ml Wasser in einen Messbecher füllen und 2/3 davon in den Wok gießen. Die Maisstärke mit dem restlichen Wasser glatt rühren und in den Wok geben. Umrühren, bis die Sauce eindickt und schön sämig wird.

Die Tofu-Würfel hinzufügen, aber nicht mehr umrühren. Die Würfel im Wok einfach sanft hin- und herschieben, damit sie nicht zerfallen.

Zum Schluss mit Sesam- und Chiliöl beträufeln. Die fein gehackte Frühlingszwiebeln darüberstreuen und alles mit einer großzügigen Prise schwarzen Szechuan-Pfeffer würzen. Eine echt scharfe Angelegenheit!

Gut zu wissen

Der kraftvolle aber ausgewogene Geschmack von Mapo Tofu ist auf die 7 elementaren Geschmacksrichtungen zurückzuführen: 麻 "Ma" (betäubend scharf), 辣 "là" (würzig), 烫 "tanhg" (brennend scharf), 鲜 "Xian" (frisch), 嫩 "nène" (zart), 香 "xiang" (aromatisch) und 酥 "Su" (knusprig, flockig).

Polenta-Clafoutis

In Frankreich ist ein Clafoutis eine Süßspeise. So ist es, so war es schon immer und es gibt wirklich keinen guten Grund, das zu ändern … Spaßig wäre es aber trotzdem! Also, ab jetzt gibt es herzhaften Clafoutis. Ohne Kirschen, stattdessen mit Kirschtomaten, Goodbye Kuchenteig und hello Polenta! Dieses „Trompe l'oeil"-Gericht schmeckt köstlich und ist kinderleicht zuzubereiten. Mein Tipp? Streuen Sie Basilikumblätter auf den fertigen Clafoutis. Das hat Klasse.

Für 4–6 Personen

1 L Vollmilch
75 g Instant Polenta
4 EL geriebener Parmesan
1 EL Crème double
Salz
frisch gemahlener Pfeffer
3 Eier, verquirlt
2 EL grob gehackte Basilikumblätter
250 g Kirschtomaten, halbiert

Den Ofen auf 190 °C Ober- und Unterhitze (170 °C Umluft) vorheizen.

Die Milch in einem Topf aufkochen, Polenta hinzufügen und unter gelegentlichem Umrühren 5 Minuten kochen. Parmesan und Crème double einrühren und Polenta mit Salz und Pfeffer würzen.

Etwas abkühlen lassen und dann die Eier gut einrühren, sie sollen aber nicht stocken. Zum Schluss das gehackte Basilikum hinzufügen.

Die Masse in eine große, flache ofenfeste Form füllen und die Kirschtomaten darauf verteilen.

35–40 Minuten backen, bis die Masse schön fest ist.

Vindaloo-Curry scharf, schärfer, am schärfsten

Das hat nicht viel mit dem Originalrezept zu tun, aber wenn Sie Curries mögen, ist das hier ein super-einfaches Abendessen für unter der Woche. Vindaloo-Paste oder -Pulver ist an sich schon recht scharf, wenn Sie jedoch richtig schwitzen möchten, geben Sie noch rote Chilis dazu. Aber vergessen Sie nicht: Sie können Schärfe noch jederzeit hinzufügen, doch ist sie einmal drinnen, gibt es keinen Weg zurück!

Für 4 Personen

2 EL geschmacksneutrales Öl
2 Zwiebeln, gehackt
2 Knoblauchzehen, fein gehackt
2,5 cm frischer Ingwer, fein gehackt
1 große oder 2 kleine Auberginen, in 2 cm große Würfel geschnitten
2 EL Vindaloo-Currypulver oder -paste
1 rote Chilischote, fein gehackt (oder auch mehr, wenn Sie Schärfe gut vertragen)
400 g Kichererbsen aus der Dose
400 g gehackte Tomaten aus der Dose
1 EL Tomatenmark
1 Gemüsebrühwürfel

Zum Anrichten
4 EL Naturjoghurt
frisch gehackter Koriander

Serviervorschlag
Reis
Naan-Brot

Öl in einem großen Topf erhitzen und Zwiebeln bei schwacher Hitze 5 Minuten darin anbraten, bis sie glasig sind.

Knoblauch, Ingwer und Auberginenwürfel hinzufügen und bei mittlerer Hitze etwa 10 Minuten garen, bis die Auberginenwürfel goldbraun sind. Gelegentlich umrühren, damit die Würfel nicht am Boden anhaften. Currypulver oder -paste und Chili einrühren und einige Minuten weiterbraten.

Die Kichererbsen abgießen, gut spülen und gemeinsam mit den gehackten Tomaten und dem Tomatenmark in den Topf geben. Den Brühwürfel in 150 ml heißem Wasser auflösen und dazugießen. Hitze reduzieren und alles 15 Minuten köcheln lassen.

Das Vindaloo-Curry auf Teller verteilen, jeweils 1 EL Naturjoghurt daraufsetzen und mit etwas gehacktem Koriander bestreuen.

Mit gekochtem Reis oder wahlweise Pilawreis und Naan-Brot servieren.

Sie möchten Ihre eigene Garam-Masala-Gewürzmischung herstellen, um diesem Korma eine neue geschmackliche Dimension zu verleihen?

Dann habe ich hier für Sie ein simples Rezept: 1 Zimtstange, 1 TL ganze Nelken, 1 TL schwarze Pfefferkörner und 1 TL Kardamomkapseln bei starker Hitze in einer Pfanne ohne Fett rösten, bis sie aromatisch duften. Mit einer Gewürzmühle oder im Mörser zu feinem Pulver vermahlen und in einem lichtundurchlässigen und luftdichten Behälter aufbewahren.

Korma für gutes Karma

Obwohl ich sehr viel Kocherfahrung habe und meine Neugier, was andere Kulturen betrifft, ungebrochen ist, finde ich die indische Küche immer noch ziemlich einschüchternd, da man die Rezepte nur schwer vereinfachen kann, ohne ihre Wurzeln zu verraten. Zahlreiche Schritte sind notwendig, um die Gerichte zuzubereiten, die Zutatenliste ist sehr lang, und überdies muss die heikle Balance zwischen den Gewürzen berücksichtigt werden. Bei diesem Rezept habe ich die Arbeit für Sie schon erledigt. Also, legen Sie los …

Für 4 Personen

Für die Nuss-Mohnpaste
1 EL Mohnsamen
50 g ganze blanchierte Mandeln
50 g ungesalzene Cashewkerne

Für das Gemüse
2 große Möhren
2 große Kartoffeln, geschält
½ Blumenkohl
12 Maiskölbchen
230 g grüne Erbsen

Für die Korma-Sauce
2 EL Ghee
4 Frühlingszwiebeln, in feine Scheiben geschnitten
1 EL Ingwer-Knoblauch-Paste (dafür eine gleich große Menge gehackte Ingwerwurzel und Knoblauch mit etwas Wasser zu einer glatten Paste pürieren)
2–3 milde grüne Chilischoten, z. B. Jalapeños, gehackt
150 g griechischer Joghurt
1 TL Kurkumapulver
100 ml Crème double
1 TL Garam Masala (auf Seite 149 finden Sie das Rezept zum Selbermachen)

Zum Anrichten
ein paar ganze blanchierte Mandeln, ein paar ungesalzene Cashewkerne, Rosinen, frisch gehackte Minze und / oder Koriander

Für die Nuss-Mohnpaste kochendes Wasser über Mohnsamen, Mandeln und Cashewkerne gießen und 30 Minuten einweichen lassen. Samen und Nüsse abgießen und in einer Küchenmaschine zu einer glatten Paste pürieren. Bei Bedarf 60 ml Wasser hinzufügen.

Für das Gemüse Möhren und Kartoffeln in 2,5 cm große Stücke schneiden, Blumenkohl in kleine Röschen zerteilen und die Maiskölbchen halbieren. Alles mit den Erbsen beiseitestellen.

Für die Korma-Sauce Ghee in einer großen Pfanne erhitzen und Frühlingszwiebeln darin goldbraun anbraten. Die Ingwer-Knoblauch-Paste und die Chilis einrühren. Die Hitze reduzieren und Nusspaste, Joghurt und Kurkuma einrühren, bis alles gut vermengt ist.

Das Gemüse dazugeben, 280 ml Wasser zugießen und gut verrühren. Das Gemüse zugedeckt bei schwacher Hitze dünsten, bis es gar ist, aber nicht zerfällt.

Pfanne vom Herd nehmen und vorsichtig Crème double und Garam Masala einrühren.

Mandeln, Cashewkerne und Rosinen rösten, bis die Nüsse goldbraun sind, und zum Garnieren über das Korma streuen. Zum Schluss mit frisch gehackter Minze und/oder Koriander bestreuen.

Foto auf Seite 148-149

#HACK

5 Messer, die in Ihrer Küche nicht fehlen dürfen

Koch + Messer = Liebe. Diese komplexe Gleichung ist die Basis einer ganz besonderen Beziehung, die Köche zu ihren Küchengeräten haben. Doch Scherz beiseite, mit den richtigen Messern können Sie nicht nur schneller arbeiten, Sie sind auch beim Kochen wesentlich entspannter und fühlen sich in Ihrer Küche wohler. Ich habe die Messer, die ich verwende, in der Reihenfolge ihrer Bedeutung, die sie in der Küche haben, geordnet.
P.S.: Wenn Ihr Budget begrenzt ist, legen Sie sich nur die ersten drei zu ...

Kochmesser

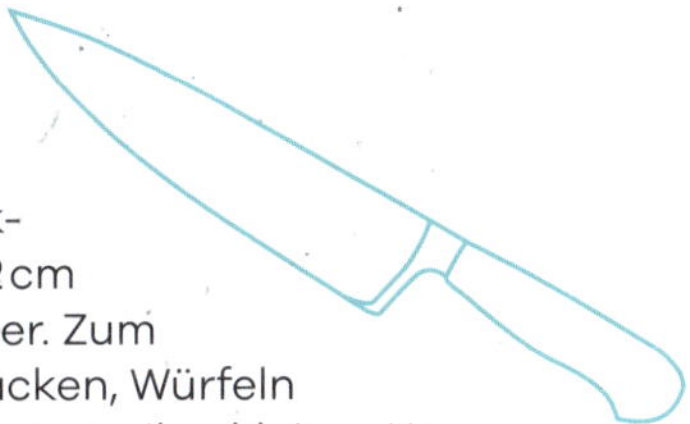

Eine 15-cm-Klinge ist praktisch; bis zu 22 cm sind männlicher. Zum Schneiden, Hacken, Würfeln und sogar zum Zerteilen kleiner Knochen ist es ideal für alle Aufgaben in der Küche. Sie müssen kein Vermögen dafür ausgeben, aber es ist schwer, ein gutes Messer für weniger als 30 Euro zu finden. Es spielt keine Rolle, wo es produziert wurde. Ob in Deutschland, Japan, Amerika oder Frankreich, nehmen Sie ein Messer, mit dem Sie sich wohlfühlen.

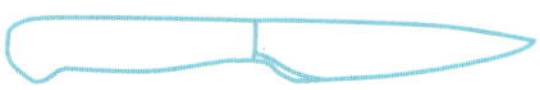

Gemüsemesser

Kleiner, mit einer etwa 10 cm langen Klinge ist es die perfekte Ergänzung zum Kochmesser. Es übernimmt alle Aufgaben, die größere Präzision erfordern, wie das Hacken einer Knoblauchzehe oder eines Stücks Ingwerwurzel, aber auch das Schälen von Kurkuma oder das Säubern von Pilzen.

Sägemesser

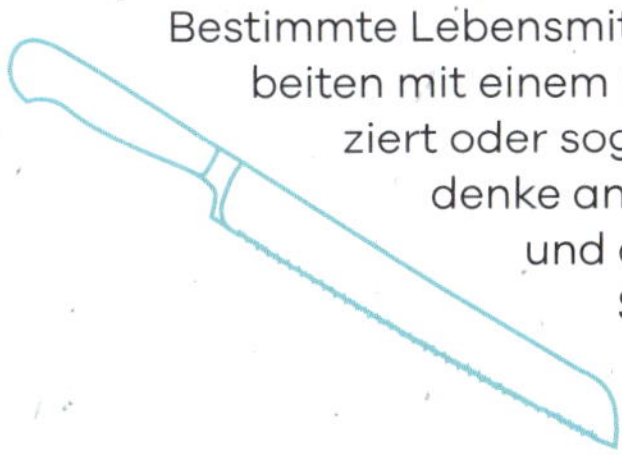

Bestimmte Lebensmittel machen das Arbeiten mit einem Kochmesser kompliziert oder sogar gefährlich. Ich denke an Melonen, Kürbisse und dergleichen. Mit Sägemessern muss man keine rohe Gewalt anwenden, sondern kann Lebensmittel durch sägende Bewegungen zerkleinern oder zerteilen. Das Messer eignet sich auch gut zum Schneiden empfindlicher oder geschichteter Speisen, wie z. B. Sandwiches.

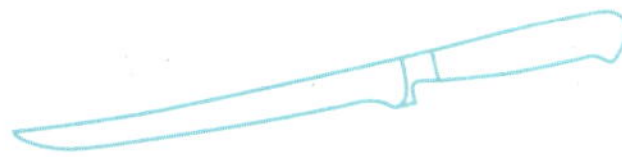

Filetiermesser

Ein Messer mit einer langen, schlanken und vor allem flexiblen Klinge. Ihre erste Wahl, wenn Sie ganze Fische filetieren, oder Schinken und andere heikle und empfindliche Lebensmittel besonders fein aufschneiden möchten. Filetiermesser aus Finnland sind für mich die besten.

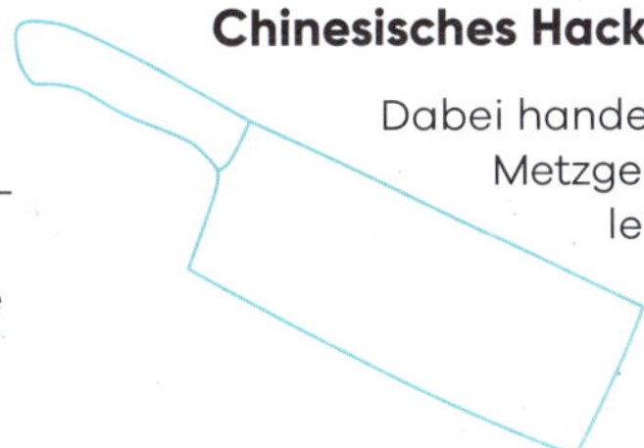

Chinesisches Hackmesser

Dabei handelt es sich nicht um ein Metzgerbeil, sondern um eine leichtere und viel preiswertere Variante. Das Messer hat eine sehr breite und ziemlich schwere Klinge. Sie brauchen also keine Angst davor zu haben, dass es kaputt gehen könnte. Meins benutze ich neben dem Zubereiten von Wok-Gerichten noch für alles Mögliche: Als Teigschaber, zum Säubern des Arbeitsplatzes, als Schaufel... Ach ja, ich zerteile sogar große Knochen damit.

So süß!

Schokoladen-tarte

Eine gute Schokoladentarte erkennt man an den Abdrücken, die die Zähne in der Füllung hinterlassen. Sie muss dunkel, fest, üppig und leicht klebrig sein, mit goldbraunem Teig, der nicht zu dünn und wirklich mürb ist. Es ist ein intensives Geschmackserlebnis und deshalb esse ich davon nie so viel wie z. B. von einer Apfeltarte. OK, fast nie.

Für 6 Personen

Für den Teig
175 g Weizenmehl, plus Mehl zum Ausrollen
90 g ungesalzene Butter, gewürfelt und zimmerwarm
1 EL feinster Zucker
¼ TL Salz
1 Ei, verquirlt

Für die Schokoladenfüllung
150 ml Crème double oder Sahne
200 g dunkle (zartbittere) Schokolade, 70 % Kakaoanteil, gehackt
2 EL Butter, zimmerwarm
1 Prise Meersalzflocken

Für den Teig Mehl, Butter, Zucker und Salz mit den Fingerspitzen fein verkrümeln. Das Ei hinzufügen und nach und nach vorsichtig in die Mehlmischung einkneten, bis ein glatter Teig entsteht.

Den Ofen auf 200 °C Ober- und Unterhitze (180 °C Umluft) vorheizen. Den Teig auf einer leicht bemehlten Unterlage 5 mm dick ausrollen und in eine mit Backpapier ausgelegte Tarteform (20 cm Durchmesser) legen. 30 Minuten blind backen, bis der Tarteboden goldbraun ist (siehe Seite 70). Tarteboden auskühlen lassen und dann kalt stellen, während Sie die Füllung zubereiten.

Für die Schokoladenfüllung die Crème double oder Schlagsahne bei mittlerer Hitze in einem Topf erwärmen. Bilden sich an der Oberfläche Blasen, den Topf vom Herd nehmen. Die gehackte Schokolade in eine ofenfeste Schüssel geben und die heiße Crèmemischung darübergießen. 1 Minute stehen lassen – so lange braucht die Schokolade, bis sie zu schmelzen beginnt. Umrühren und dann die Butter hinzufügen. Weiterrühren, bis die Mischung glatt und glänzend ist. Übrigens haben Sie gerade eben wieder einen französischen Klassiker zubereitet, eine Ganache – was sagen Sie dazu?

Die Schokoladenmischung auf den gekühlten Tarteboden gießen und wieder in den Kühlschrank stellen, bis die Füllung schön fest ist. Vor dem Servieren mit ein paar Meersalzflocken bestreuen.

BLASPHEMIE?

Nur weil die meisten Zutaten aus dem Supermarkt kommen, heißt das noch lange nicht, dass dieser Millefeuille Sie alle guten Manieren vergessen lässt. Man isst Millefeuille nicht Schicht für Schicht. Das wäre ein Verrat an der Grundidee dieses Desserts. Stattdessen wird es vorsichtig auf die Seite gelegt und mit Messer und Gabel gegessen. So ist jeder Bissen ein mundgerechtes Sandwich aus Blätterteig und Vanillecrème. Oder Sie machen es wie ein ehemaliger französischer Präsident und essen Millefeuille einfach mit den Fingern.
#DasFranzösischeParadoxon

Millefeuille für kleines Geld

Millefeuille ist ein traditionelles französisches Gebäck, das aus drei dünnen Blätterteigschichten besteht. Dazwischen kommt im Sandwichverfahren Vanillecrème, und die oberste Blätterteigschicht wird mit Zuckerguss überzogen. Doch ich fürchte, ich muss Ihnen etwas gestehen. Als ich dieses Rezept schrieb, hatte ich noch nie im Leben Blätterteig, Vanillecrème oder Zuckerguss selbst gemacht – und ich werde auch jetzt nicht damit anfangen.

Für 8 Personen

1 küchenfertiger Blätterteig, rechteckig etwa 35 x 23 cm
feinster Zucker
dicke Vanillecrème aus dem Kühlregal oder Vanillepuddingpulver und Milch (zubereitet nach Packungsanweisung)
fertiger weißer und dunkler Zuckerguss

Den Ofen auf 200 °C Ober- und Unterhitze (180 °C Umluft) vorheizen.

Den Blätterteig ausrollen und leicht mit kaltem Wasser befeuchten. Mit einer Gabel mehrmals einstechen und mit Zucker bestreuen. Den Teig vorsichtig auf einen Bogen Backpapier heben und ein Ofengitter darauflegen, damit sich der Teig beim Backen nicht hebt.

Den Teig ca. 10 Minuten goldbraun backen.

Blätterteig umdrehen, befeuchten und mit Zucker bestreuen. Wieder das Ofengitter darauflegen und für ein paar Minuten in den Ofen schieben, bis der Teig völlig trocken und hellgold ist.

Den Teig mit einem Sägemesser in 24 kleine Rechtecke schneiden, jeweils ca. 4 x 8 cm. Bestreichen Sie die 8 Rechtecke mit einer etwa 1 cm dicken Schicht Vanillecrème oder Pudding.

Jeweils ein weiteres Teigrechteck darauflegen, wie schon zuvor dick mit Vanillecrème oder Pudding bestreichen und mit den restlichen Teigplatten abdecken. Zuckerguss aufpinseln. Sie können ein wunderbar marmoriertes Muster zaubern, indem Sie weißen und dunklen Zuckerguss mit einem Holzstäbchen ineinander verziehen. Das hat große Tradition und sichert Ihnen die Aufnahme in den Club der französischen Spitzen-*Pâtissiers*. Ich mache Witze. Die werfen Sie in hohem Bogen raus.

Zum Schluss den Millefeuille an den Rändern mit einem Messer glattstreichen.

Fake-Croissants und Schoko-croissant

Ergibt jeweils etwa 6 Stück

2 Packungen küchenfertiger Butterblätterteig
Puderzucker
Eierlasur (1 Ei, verquirlt mit 2 EL kaltem Wasser)
gehobelte Mandeln ODER dunkle Schokolade, in 7,5 cm lange Stifte geschnitten (2 Stifte für jedes Schokocroissant)

Wovon reden Sie eigentlich? Ich mache doch keine falschen Croissants?? (Seufz.) Sie müssen denken, dass ich komplett den Verstand verloren habe ... Aber genau genommen sind sie keine richtige Fälschung, oder besser gesagt, nicht mehr als mein anderes Süßgebäck, das ich immer mit fertigem Blätterteig mache. Sie sind außerdem sehr günstig und blitzschnell zubereitet. Puh, ich bin also doch nicht ganz verrückt.

Fake-Croissants

Den Ofen auf 220 °C Ober- und Unterhitze (200 °C Umluft) vorheizen.

1 Blätterteig auf eine flache Unterlage legen und mit Puderzucker bestreuen (In Genießerlaune? Dann bestreichen Sie den Teig mit Haselnuss-Crème). Den zweiten Blätterteig darüberlegen (mit 2 Blätterteigschichten übereinander gehen die Croissants im Ofen besser auf).

Die Teigränder so zurechtschneiden, dass die Teigplatten eine annähernd runde Form haben. Dann wie bei einerTorte in ungefähr gleichgroße Dreiecke schneiden.

Ein Dreieck so hinlegen, dass die Spitze zu Ihnen zeigt. Jetzt mit beiden Händen, am breiten abgerundeten Ende beginnend, langsam einrollen und in Croissant-Form bringen. Mit den anderen Dreiecken wiederholen und die Croissants auf ein mit Backpapier ausgelegtes Backblech legen.

Die Croissants mit der Eierlasur bestreichen und nach Belieben mit Mandeln bestreuen. Etwa 15 Minuten backen, bis die Croissants aufgegangen und schön goldbraun sind. Sie können sie mit Puderzucker bestreuen oder einfach so essen.

Schokocroissants

Den Ofen auf 220 °C Ober- und Unterhitze (200 °C Umluft) vorheizen.

Wenden Sie den Trick mit dem doppelten Blätterteig an, bei dem Sie eine zweite Lage Blätterteig auf die erste legen (wie nebenan beschrieben) und schneiden Sie die Teigplatten in 7,5 x 12,5 cm große Rechtecke.

Ein Rechteck so hinlegen, dass die kurze Seite zu Ihnen zeigt und einen Schokoladenstift 2,5 cm unter dem oberen Rand auf den Teig legen. Beginnen Sie oben mit dem Einrollen des Blätterteigs: Nach einer Drehung können Sie die Schokolade nicht mehr sehen – und das ist gut so. Die Rolle oben vorsichtig mit den Fingern flach drücken, bis sie eine ovale Form hat. Noch ein Stück einrollen und die Rolle wieder flach drücken. Dann den zweiten Schokoladenstift nahe an die Rolle legen. Ein letztes Mal einrollen und flach drücken. Darauf achten, dass der Teig nach unten eingeschlagen ist und die Nahtstelle sich auf der Unterseite befindet. Überstände abschneiden und mit den restlichen Rechtecken und Schokoladenstiften wiederholen.

Die Croissants mit der Eierlasur bestreichen und 20 Minuten backen, bis sie aufgegangen und schön goldbraun sind.

Salz-karamell

Für mich macht das Salz das große Suchtpotential dieses Desserts aus. Nicht der Zucker oder die Butter (letztere ist sicher auch nicht ganz unschuldig, aber bringen Sie mich nicht dazu, etwas zu sagen, was ich nie gesagt habe). Das Salz sorgt für die nötige Balance und dann geschieht ein Wunder. Wenn Sie meinen, ich übertreibe, probieren Sie das Rezept selbst, und dann sehen wir weiter.

Für 2 Personen

100 g Kristallzucker
3 EL ungesalzene Butter
etwa 150 ml Milch
1 Prise Meersalzflocken

Zucker und Butter bei mittlerer Hitze in eine Pfanne geben und mit ein paar Tropfen Wasser besprenkeln. Ist die Butter geschmolzen, die Mischung aufkochen (Achtung: sie ist sehr, sehr heiß) und köcheln, bis sie glatt, dick und karamellfarben ist.

Pfanne vom Herd nehmen und die Milch einrühren, damit die Mischung nicht zu dunkel wird. Pfanne bei schwacher Hitze wieder auf den Herd stellen und sanft umrühren, bis die Mischung die gewünschte Konsistenz hat. Mit etwas weniger Milch bekommt die Mischung eine cremige Konsistenz; mit etwas mehr wird sie flüssig wie Honig.

Die Prise Salz hinzufügen. Salzkaramell in ein sauberes Glas füllen, auskühlen lassen und im Kühlschrank aufbewahren. Sie können es auf Pfannkuchen, Kuchen oder Brot streichen, in Joghurt einrühren, oder direkt vom Löffel essen...

„Danke Alex, jetzt ist meine Pfanne ruiniert ..."

Kein Grund zur Panik. Füllen Sie die Pfanne mit Wasser, werfen Sie auch die klebrigen Löffel hinein und lassen Sie das Wasser aufkochen. Surfen Sie ein bisschen im Netz (darf ich Ihnen einen YouTube-Kanal empfehlen?) „et voilà". Ganz ohne Zutun sind Pfanne und Löffel wieder sauber.

Beschwipste Erdbeeren

Dieser Nachtisch ist einfach herrlich. Meine Mutter hat ihn oft gemacht, als ich klein war, und, ich muss es zugeben, ich habe es geliebt, den eiskalten, nach Wein schmeckenden Sirup direkt aus der Schüssel zu trinken. Doch keine Angst, das Dessert enthält kaum Alkohol, trotzdem schmeckt man den Rotwein – erfrischend, reif, würzig und tanninhaltig – noch sehr stark. Vielleicht hat das dazu geführt, dass ich guten Wein heute so liebe. Wer weiß?

Für 2 Personen

½ Bund frisches Basilikum
3 Gläser Rotwein
100 g feinster Zucker
½ TL Vanilleextrakt
250 g Erdbeeren
schwarzer Pfeffer aus der Mühle

Die Basilikumblätter von den Stielen zupfen.

Wein in einem Topf bei mittlerer Hitze erwärmen und sanft umrühren, bis er etwas zu köcheln beginnt. Den Zucker einrühren, bis er sich vollständig aufgelöst hat.

Wein weiterköcheln lassen, bis der Alkoholgeruch verschwunden ist (5–10 Minuten). Den Herd ausschalten und Vanilleextrakt und Basilikumstiele hinzufügen. Den Wein beiseitestellen.

Die Erdbeeren in Stücke schneiden und zur Weinmischung geben. Auskühlen lassen und dann im Kühlschrank kalt stellen. Vor dem Servieren 1 Prise schwarzen Pfeffer darübermahlen und ein paar Basilikumblätter darüberstreuen.

Welche Erdbeeren sich eignen?

Der Wein, der Zucker und die Vanille haben alle einen sehr markanten Geschmack. Es lohnt sich also nicht, kleine aromatische Erdbeeren zu kaufen (die außerdem meistens überteuert sind). Nehmen Sie lieber größere, tiefrote und saftige Erdbeeren, die einen besseren Sirup ergeben.

Süße Sommerrollen

Stellen Sie sich folgende Szene vor: Es ist Hochsommer und glühend heiß. Ihr kleiner Sohn zieht Sie am Arm, und schon zum zweiten Mal lassen Sie einen unansehnlichen Pulled Pork Burger mit Krautsalat fallen. Hm. Ob sie mit den klebrigen Karamellküchlein, die als Nachtisch gedacht waren, mehr Glück haben? Hätten Sie doch nur meine frischen, süßen Sommerrollen gemacht ...

Ergibt 10 Rollen

100 g getrocknete Reisnudeln
100 ml Kokosnussmilch
1 EL flüssiger Honig
10 Reispapierblätter

Mix aus Früchten, Gemüse und frischen Kräutern, die als Füllung gut funktionieren –
ENTWEDER Mango, Avocado und gehackte Minze
ODER Erdbeeren, rote Paprikaschoten und gehacktes Basilikum
ODER Gurke, Ananas und frisch gehackter Koriander

Serviervorschlag
Naturjoghurt
flüssiger Honig

Die Reisnudeln nach Packungsanweisung kochen. Abgießen und in einer Schüssel beiseitestellen. Mit Kokusnussmilch und Honig vermischen.

Schneiden Sie ein Viertel der Früchte und des Gemüses, das Sie verwenden, in ansprechende dünne Scheiben (möchte jemand Carpaccio?) und legen Sie sie zum Dekorieren beiseite. Restliches Obst und Gemüse in dünne Stifte schneiden. Damit werden die Rollen gefüllt.

Ein großes Gefäß mit warmem Wasser füllen, die Reisblätter kurz eintauchen und dann vor Ihnen auf eine flache Unterlage legen.

Etwa ein Drittel vom unteren Rand entfernt mit dem Füllen beginnen. Zuerst horizontal einige Nudeln platzieren, dann gehackte Kräuter, Obst- und Gemüsestifte daraufhäufen. Obst- und Gemüsescheiben so darauf verteilen, dass sie in einer Linie mit den Stiften liegen.

Das Reisblatt um die Füllung wickeln und die Seiten nach innen klappen, bevor Sie die Sommerrolle ganz einrollen. Wenn Sie gut gearbeitet haben, können Sie die Obst- und Gemüsescheiben durch das transparente Reispapier sehen.

Zum Schluss als Dip für die Rollen einfach ein bisschen Joghurt und Honig vermischen.

Eiscrème ohne Maschine

Ich liebe Eiscrème, jedoch besitze ich keine Eismaschine. Aber ich habe einen Tiefkühler. Also mache ich darin meine Eiscrème. Logisch, oder?

Für 4–6 Personen

Für die Eiscrème
6 sehr frische Eigelb
150 g feinster Zucker
230 ml Vollmilch
450 ml Crème double

Für die Geschmacksrichtungen
Rum und gehackter kandierter Ingwer
ungesüßtes Kakaopulver
Mark von 1-2 Vanilleschoten oder Vanilleextrakt
zerdrückte Erdbeeren

Ein großes dickwandiges Glas- oder Keramikgefäß in den Tiefkühler stellen und ausgiebig kühlen.

Eigelbe in eine große Schüssel geben und mit dem Zucker verrühren, bis eine glatte Crème entsteht. Es dauert ein Weilchen, bis sie glatt ist (arbeiten Sie vielleicht doch besser mit dem elektrischen Handmixer).

Milch und Crème double in einem Topf vermischen, mit einem Schneebesen die Eigelbmischung einschlagen und unter ständigem Rühren bei mittlerer Hitze schwach zum Simmern bringen. Auf keinen Fall aufkochen lassen, da das Eigelb sonst stocken und am Ende eine ziemlich komische Eiscrème herauskommen würde.

Die Mischung in das gekühlte Gefäß gießen und Ihre bevorzugten Geschmackszutaten einrühren, bis alles gleichmäßig vermengt ist.

Alles 1 Stunde in den Tiefkühler stellen. Gefäß herausnehmen und die Eiscrème kräftig mit einer Gabel durchrühren. Für weitere 2 Stunden in den Tiefkühler stellen. Gefäß herausnehmen und noch einmal mit einer Gabel kräftig durchrühren.

Eiscrème über Nacht in den Tiefkühler stellen.

ALLES KRISTALLKLAR?

Eine gute Eiscrème ist eine glatte Eiscrème. Das heißt, die Eiskristalle sind so klein, dass sie beim Essen nicht zwischen den Zähnen knirschen. Dabei ist wichtig, wie schnell die Mischung friert. Wird sie langsam gefroren und nicht aufgerührt, entstehen in der Crème große, harte und wässrige Kristalle. Wird sie jedoch schnell gefroren und kräftig durchgerührt, entstehen winzige Kristalle und so auch ein besseres Ergebnis.

Chouquettes (süße Windbeutel)

Ehrlich gesagt, habe ich an dieser Zubereitung einen Narren gefressen. Ich sage Ihnen auch warum: Sie schmeckt köstlich und gibt enorm viel Selbstvertrauen. Ich fühle mich danach immer wie ein Konditor. Die leichten, fluffigen Windbeutel werden aus einem Teig gemacht, den die Franzosen „pâte à choux" nennen – das bedeutet „Kohlteig" auf Deutsch – lecker, ich weiß). Aber eigentlich hat der Name nichts mit Kohlköpfen zu tun. „Choux" kommt vom französischen Wort „chaud" und heißt „warm", da der Teig auf dem Herd gemacht wird. Gut zu wissen ... Die Windbeutel schmecken auch mit Eiscrèmefüllung hervorragend.

Ergibt 30–40 Windbeutel

Für den Teig
230 ml Milch und Wasser, im gleichen Verhältnis vermischt
120 g Butter, gewürfelt
1 Prise Salz
1 gehäufter EL Kristallzucker
120 g Weizenmehl
3 Eier (Größe M)

Hagelzucker oder Zuckerwürfel, in einem Tuch in kleine Stücke zerschlagen

Einen Topf bei mittlerer Hitze auf den Herd stellen und Milch, Wasser, Butter, Salz und Zucker hineingeben. Wenn die Flüssigkeit zu kochen beginnt, das Mehl hineinkippen und vermischen, bis sich der Teig in eine kompakte Masse verwandelt hat und etwas trockener ist. Die Masse wird von selbst eine eigenartige Kugelform annehmen und überraschenderweise nicht an den Topfwänden kleben bleiben.

Den Teig in eine Schüssel umfüllen und die Eier einrühren. Mit dem Holzlöffel rühren (oder auf niedriger Stufe mit dem elektrischen Handmixer). Am Anfang wollen sich Eier und Teig nicht verrühren lassen, doch letztendlich wird es Ihnen gelingen. Also rühren Sie, was das Zeug hält, bis Sie einen dicken, glänzenden Teig und Muskeln haben, auf die Sie stolz sein können. Der Teig muss seine Form behalten, darf aber nicht zu trocken sein. Rühren Sie bei Bedarf etwas Milch ein.

Den Ofen auf 200 °C Ober- und Unterhitze (180 °C Umluft) vorheizen. Mehrere Backbleche mit Backpapier auslegen. Wenn Sie einen Spritzbeutel besitzen, ist jetzt der Augenblick gekommen, ihn zu benutzen. Sie können auch eine saubere, feste Plastiktüte nehmen. Von innen nach außen stülpen und den Teig mit einem Löffel daraufsetzen. Die Tüte wieder in die andere Richtung stülpen, einen Zipfel abschneiden und das offene Ende der Tüte zusammendrehen und schließen. Hey, cool – ein selbstgemachter Spritzbeutel!

Ca. 30–40 kleine Windbeutel auf das Backpapier spritzen, die Spitzen oben mit den Fingern vorsichtig eindrücken. Die Windbeutel mit Hagelzucker bestreuen, dabei den Zucker sanft in den Teig drücken. Windbeutel 20 Minuten backen, bis sie goldbraun sind. Auf einem Ofengitter auskühlen lassen.

Tarte Normande

Diese Tarte aus der Normandie schafft es, das Beste aus den regionalen Äpfeln und dem Calvados, einem Apfelbranntwein (Bourbon-Whiskey funktioniert auch prima) herauszuholen. Sie schmeckt sowohl warm als auch kalt köstlich und – wenn Sie mutig genug sind – machen Sie es wie die Normannen und flambieren die Tarte vor dem Servieren mit etwas zusätzlichem Calvados.

Für 6 Personen

Für den Teig
180 g Weizenmehl, plus Mehl zum Ausrollen
90 g Butter, gewürfelt und zimmerwarm
1 EL Kristallzucker
¼ TL Salz
1 Ei, verquirlt

Für die Füllung
3–4 aromatische Äpfel, je nach Größe
2 Eier
90 g feinster Zucker
100 g geriebene Mandeln
100 ml Crème double
4 EL Calvados (oder frischer Apfelsaft, wenn Sie keinen Alkohol verwenden möchten)
3 EL gehobelte Mandeln

Für den Teig in einer Rührschüssel Mehl, Butter, Zucker und Salz mit den Fingerspitzen fein zerkrümeln. Das verquirlte Ei nach und nach in die trockenen Zutaten einkneten, bis ein geschmeidiger Teig entsteht.

Den Teig auf einer leicht bemehlten Unterlage 5 mm dick ausrollen und in eine Tarteform (23 cm Durchmesser) legen. In den Kühlschrank stellen, während Sie die Füllung vorbereiten.

Den Ofen auf 200 °C Ober- und Unterhitze (180 °C Umluft) vorheizen und ein Backblech im Ofen vorwärmen.

Für die Füllung die Äpfel schälen, entkernen und vierteln. Jedes Viertel in 3 Spalten schneiden und in konzentrischen Kreisen auf dem Tarteboden verteilen.

Eier, Zucker, geriebene Mandeln, Crème double und Calvados kräftig verrühren, und die Mischung behutsam über die Äpfel gießen oder löffeln. Gehobelte Mandeln darüberstreuen.

Die Tarte vorsichtig auf das heiße Backblech stellen und 30–35 Minuten backen, bis die Füllung fest und der Teig goldbraun ist. Warm oder kalt servieren.

Gelingsichere Brioche

Eine Warnung – wenn Sie fluffiges Gebäck, süße buttrige Aromen, üppigen milchigen Teig und elastisches, diensteifriges Gluten nicht mögen, dann sollten Sie jetzt umblättern. Alle anderen heiße ich in der Welt der Brioche herzlich willkommen.

Ergibt 1 großen Briochezopf

500 g Weizenmehl
1 Päckchen Trockenhefe
2 Eier, verquirlt
200 ml Vollmilch, leicht erwärmt (aber nicht heiß!)
2 gehäufte EL Kristallzucker
1 TL Salz
100 g Butter, gewürfelt und zimmerwarm plus Butter und Mehl für die Form

Das Mehl in die Rührschüssel einer Küchenmaschine sieben und die Hefe einrühren.

Eier, Milch, Zucker, Salz und Butter hinzufügen und anfangs auf kleiner Stufe verrühren. Ist alles gleichmäßig vermengt, die Geschwindigkeit hochschalten und so lange rühren, bis ein geschmeidiger Teig entsteht, der weich und elastisch, aber nicht zu klebrig ist.

Den Teig in eine große Schüssel umfüllen, mit Frischhaltefolie abdecken und an einem warmen Ort 1–2 Stunden stehen lassen, bis er sein Volumen verdoppelt hat. Den Teig nach unten drücken und leicht kneten, um eventuell im Inneren vorhandene Luftblasen zu entfernen. In 3 gleiche Portionen teilen und jeweils zu einer langen, dicken Wurst rollen. Eine Kastenform – meine hat 30 x 13 cm Umfang und ist 8 cm tief – innen mit zerlassener Butter bestreichen und mit Mehl bestäuben. Aus den Teigwürsten einen Zopf flechten und vorsichtig in die Form legen.

Mit Frischhaltefolie abdecken und an einem warmen Ort etwa 15 Minuten gehen lassen, bis der Teig den oberen Rand der Form erreicht hat. In der Zwischenzeit den Ofen auf 200 °C Ober- und Unterhitze (180 °C Umluft) vorheizen.

Den Briochezopf etwa 25 Minuten backen, bis er goldbraun und schön aufgegangen ist.

Aus dem Ofen nehmen, die Brioche aus der Form stürzen und auf einem Ofengitter auskühlen lassen.

Im unwahrscheinlichen Fall …

Es besteht so gut wie keine Chance, dass am nächsten Tag noch ein Stück davon übrig ist. Doch sollte das jemals vorkommen oder sollten Sie ein Stück übersehen haben, werfen Sie den Rest um Himmels Willen nicht weg, da man daraus die weltbesten armen Ritter machen kann.

Nicht-gebackene Himbeer-Tarte

Mit dieser fantastischen Tarte schlagen Sie gleich zwei Fliegen mit einer Klappe – Sie machen einen Kuchen, ohne dafür den Ofen einschalten zu müssen, und ihre Freunde halten Sie obendrein für einen französischen Konditor. Kaum zu glauben, was? Und es kommt noch besser. Ich verspreche Ihnen tosenden Applaus, wenn Sie sie auf den Tisch stellen.

Für 6–8 Personen

Für den Boden
75 g Butter, zerlassen
250 g Vollkornkekse, im Mixer fein zerkrümelt

Für die Vanillecrème
400 ml Vollmilch
3 Eier (Größe M)
90 g feinster Zucker
4 EL Weizenmehl
1 TL Vanilleextrakt

Für den Belag
250 g Himbeeren, frisch oder TK, aufgetaut
4 EL Himbeerkonfitüre ohne Kerne

Für den Boden zerlassene Butter und Kekskrümel mischen, auf dem Boden einer Springform (20 cm Durchmesser) gut andrücken und einen 4 cm hohen Rand damit bilden. Zum Festwerden in den Kühlschrank stellen, während Sie die Vanillecrème machen.

Die Milch in einem Topf erhitzen, bis Blasen an der Oberfläche zu sehen sind. Während die Milch warm wird, Eier, Zucker und Mehl in einem Krug verrühren, bis eine glatte Masse entsteht. Etwas heiße Milch zur Eimischung gießen, gut verrühren und dann zurück in den Topf geben. Alles bei mittlerer Hitze ständig rühren, bis die Vanillesauce eingedickt und glatt ist. Immer schön kräftig rühren, denn Sie wollen ja nicht, dass sich Klumpen bilden! Sollte das trotzdem passieren, nehmen Sie den Topf vom Herd und schlagen Sie die Crème so lange, bis sie wieder glatt ist.

Die Crème vom Herd nehmen und Vanilleextrakt einrühren. In eine Schüssel füllen und mit Frischhaltefolie abdecken, damit an der Oberfläche keine Haut entsteht. Die Crème vollständig auskühlen lassen und dann auf dem gekühlten Tarteboden verteilen.

Die Vanillecrème mit Himbeeren belegen. Konfitüre mit 1 EL Wasser in der Mikrowelle erhitzen, bis sie zu blubbern beginnt, und über die Himbeeren streichen. Die Tarte bis zum Servieren kalt stellen. Aus der Springform lösen und vorsichtig auf einen Servierteller gleiten lassen.

Blitzschneller Joghurt-kuchen

Das Großartige an diesem Kuchen ist, dass Sie keine Waage und keinen Messbecher für die Zutaten brauchen, sondern nur den Becher, in dem Sie den Joghurt gekauft haben. Wie einfach ist das denn? Habe ich schon erwähnt, dass er außerdem noch himmlisch schmeckt? Doch verlassen Sie sich nicht auf mein Urteil. Probieren Sie ihn selbst!

Ergibt 1 kleinen Kuchen

Öl zum Einfetten der Kastenform
1 Becher Naturjoghurt (etwa 150 g)
2 ½ Becher Weizenmehl
1 ½ Becher feinster Zucker
1 TL Vanilleextrakt
fein abgeriebene Schale von 1 unbehandelten Zitrone
3 Eier, verquirlt
½ Becher Sonnenblumenöl
1 TL Backpulver

Den Ofen auf 180 °C Ober- und Unterhitze (160 °C Umluft) vorheizen. Eine kleine Kastenform mit Öl bestreichen und mit Backpapier auslegen.

Den Joghurt in eine Rührschüssel umfüllen. Den Becher auswaschen, abtrocknen und zum Abmessen der anderen Zutaten verwenden. Mehl, Zucker, Vanilleextrakt und Zitronenschale in die Schüssel geben und gut verrühren. Die Mischung ist jetzt noch nicht glatt, sondern sieht recht trocken und krümelig aus.

Die Eier hinzufügen, gut einrühren und dann Öl und Backpulver zugeben. Schlagen Sie die Mischung mit einem Schneebesen, bis sie glänzend und glatt ist und keine lästigen Klumpen mehr enthält.

Den Teig in die Kastenform füllen. Kuchen 30–35 Minuten backen, bis er schön goldbraun ist und ein in die Mitte gestochener Spieß sich sauber wieder herausziehen lässt.

Den Kuchen 10 Minuten in der Form abkühlen lassen und dann zum vollständigen Erkalten auf ein Ofengitter stürzen.

#HACK

6 Mikrowellen-Zaubereien und 1 monumentale Schlappe

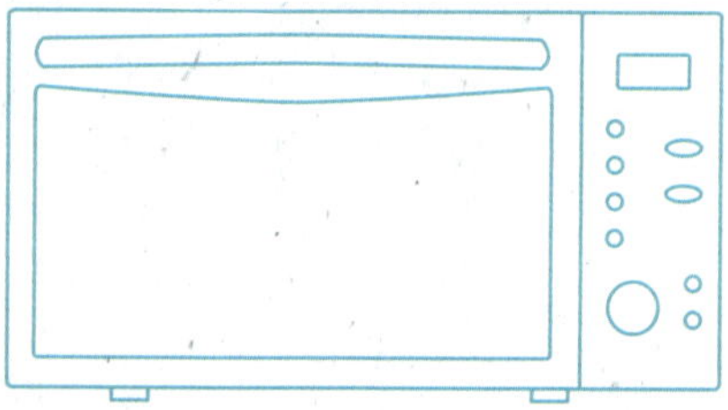

Für einige ist es eine Teufelsmaschine. Doch für mich ist eine Mikrowelle nur ein zusätzliches, nützliches Küchengerät, das man wirklich effizient einsetzen kann, man muss nur wissen, wie. Ich verrate Ihnen jetzt ein paar Mikrowellen-Tipps und Tricks, die Sie vielleicht noch nicht kennen.

Chips

Sehr feine und gleichmäßig geschnittene Kartoffelscheiben in ein Gefäß geben, mit mikrowellengeeigneter Frischhaltefolie abdecken oder, wie ich es gerne mache, Scheiben leicht mit Öl benetzen und direkt auf den Drehteller der Mikrowelle legen (bei dieser Methode müssen Sie die Scheiben später mit einem Teigschaber voneinander trennen). Auf höchster Stufe 2½ Minuten und dann in 30-Sekunden-Intervallen erhitzen, bis sie knusprig sind. Das dauert insgesamt etwa 3–5 Minuten.

Blitzkuchen

Etwas Mehl, 1 TL Backpulver, etwas Milch, 1 verquirltes Ei, Salz und Pfeffer zu einem dicken Teig rühren. Zu einem Drittel in einen Krug (oben weiter als unten) füllen. In der Mikrowelle auf höchster Stufe 1 Minute und dann in 30-Sekunden-Intervallen backen, bis der Kuchen fertig ist.

Turbo-Garen

Auf dem Herd brauchen Artischocken 45 Minuten, bis sie gar sind. In der Mikrowelle nur 8–10 Minuten. Genauso Kartoffeln! Die Kartoffeln in eine Schüssel geben, 2–3 EL Wasser hinzufügen und in der Mikrowelle zugedeckt 8–10 Minuten auf höchster Stufe erhitzen, bis sie gerade eben weich sind (mit einem Messer testen). Dann weiter verarbeiten.

Gleichmäßig erwärmen

Stellt man in der Mikrowelle ein Gericht genau in die Mitte des Drehtellers, ist das Essen an manchen Stellen heiß und an anderen eiskalt. Also besser an den Rand des Drehtellers stellen.

Knoblauchschälen ganz entspannt

Wenn Sie sehr viel Knoblauch schälen müssen und Zeit sparen wollen, erhitzen Sie eine ganze Knoblauchknolle 20 Sekunden in der Mikrowelle. Herausnehmen, ohne sich zu verbrennen. Die Knolle zwischen Ihren Händen reiben, um die einzelnen Zehen voneinander zu trennen und die Schale zu entfernen. Wissen Sie, was hier noch an Zauberei grenzt? Ihre Finger werden EWIG nach Knoblauch riechen!

Zwiebel schneiden (fast) ohne Tränen

Eine Zwiebel schälen, mehrmals leicht einschneiden, damit sie nicht explodiert (oh, wie schön ist es in der Küche zu arbeiten!) und 30 Sekunden in der Mikrowelle erhitzen. Danach ist das Zwiebelschneiden weitaus weniger traumatisch.

Was Sie niemals tun dürfen

Zweimal in meinem Leben habe ich versucht, ein Ei in der Mikrowelle hart zu kochen. Zweimal ist es explodiert, hat das Innere meiner Mikrowelle versaut, und der Geruch in der Küche war absolut unglaublich. ZWEIMAL.

Register

Dank

Ich möchte all jenen laut „Merci" zurufen, ohne die dieses Kochbuch nur ein Vorhaben in ferner Zukunft geblieben wäre: Chetna, Stuart, Celine, Emily, Dan, Wendy, Becks, Becci, Alex und allen bei Quadrille.

Besonderen Dank auch an Jamie Oliver, Donal Skehan und Jacques Pepin für ihre (immens) freundlichen Worte.

Ein großes Dankeschön an meine Familie, die mich immer großartig unterstützt, mich, wenn nötig, aufmuntert und einfach immer für mich da ist ♡.

Eine dicke Umarmung für meine Frau und schließlich ein flottes High Five für meinen Kumpel, Sacha.

Bibliografische Information der Deutschen Bibliothek.

Die Deutsche Bibliothek verzeichnet diese Publikation in der deutschen Nationalbibliografie. Detaillierte bibliografische Daten sind im Internet über http://www.dnb.de/ abrufbar.

EIN BUCH DER EDITION MICHAEL FISCHER

1. Auflage 2019

Erstveröffentlicht bei Quadrille, ein Imprint von Hardie Grant Publishing
Titel der Originalausgabe:
Just a french guy cooking – Easy recipes and kitchen hacks for rookies

Aus dem Englischen übertragen von Verena Thiard-Laforet, Perchtoldsdorf
Covergestaltung: Fiona Mohr
Satz: Fiona Mohr
Produktmanagement: Anne-Katrin Brode, Andrea Freier
Lektorat: Martin Lagoda, Hamburg

ISBN 978-3-96093-343-4

Printed in China

www.emf-verlag.de